现代运输经济与管理创新研究

柳洪强　著

吉林大学出版社

图书在版编目（CIP）数据

现代运输经济与管理创新研究 / 柳洪强著. -- 长春: 吉林大学出版社, 2022.9

ISBN 978-7-5768-0525-3

Ⅰ. ①现… Ⅱ. ①柳… Ⅲ. ①运输经济－创新管理－研究 Ⅳ. ①F5

中国版本图书馆CIP数据核字(2022)第172478号

书　　名：**现代运输经济与管理创新研究**

作　　者：柳洪强 著

策划编辑：吴亚杰　　责任编辑：吴亚杰

责任校对：张宏亮　　装帧设计：谭婷内

出版发行：吉林大学出版社

社　　址：长春市人民大街4059号　　邮政编码：130021

发行电话：0431-89580028/29/21

网　　址：http:/www.jlup.com.cn

电子邮箱：jdcbs@jlu.edu.cn

印　　刷：长春第二新华印刷有限责任公司

开　　本：787mm × 1092mm　　1/16

印　　张：13.125

字　　数：224千字

版　　次：2022年9月第1版

印　　次：2022年9月第1次印刷

书　　号：ISBN 978-7-5768-0525-3

定　　价：56.00元

前　言

作为国民经济的重要基础设施和基础产业，交通运输是社会经济发展的重要物质基础，其基本任务是通过提高整个运输业的能力和工作质量，来改善国家各经济区之间的运输联系，进而安全迅速、经济合理地组织旅客和货物运输，保证最大限度地满足社会和国防建设对运输的需求。随着经济的不断发展，不仅推动了交通运输行业的迅速发展，而且提升了陆海空三方的运输能力，使国人出行、货物运输更便捷、速度更快，提高了人们在新时代日常生活中的工作质量和生活品质。因此，如何推动我国交通运输管理行业在经济转型或管理升级工作方面更上一层楼，在管理过程中更好地发挥职能作用，成为我们应该思考的首要问题。

基于此，笔者撰写了《现代运输经济与管理创新研究》一书，本书以运输与运输业认知、运输经济学的发展、运输管理界定及特点为切入点，重点论述现代运输需求与供给、现代运输价格与市场、现代运输方式的不同选择、现代运输经济面临的困境及优化策略、现代运输管理的多元化探索、现代运输管理的创新发展。

本书视野开阔，既有运输经济的相关理论知识，又有运输管理的相关内容，更有运输经济与管理创新的相关策略。全书结构体系合理，内容通俗易懂，在总结、研究、提炼的基础上，对现代运输经济与管理创新进行研究，具有理论性与实践性相结合、系统性与科学性相综合的特点。

笔者在撰写本书的过程中，得到了许多专家学者的帮助和指导，在此表示诚挚的谢意。由于笔者水平有限，加之时间仓促，书中所涉及的内容难免有疏漏之处，希望各位读者多提宝贵意见，以便笔者进一步修改，使之更加完善。

目 录

第一章 绪论

第一节 运输与运输业认知

一、运输的认知

运输(Transportation)是指用专用运输设备将物品从一地点向另一地点运送。其中包括集货、分配、搬运、中转、装入、卸下、分散等一系列操作。运输是在不同的地域范围间(如两座城市、两个工厂间,或一个企业内的两个车间之间),以改变"物"的空间位置为目的的活动,是对"物"进行的空间位移。

(一)运输的特点

运输不同于其他产业,作为一种特殊的物质生产,运输具有以下特点:

(1)运输不生产有形的产品。运输作为一种特殊的物质生产,并不生产有形的产品,只提供无形的服务。作为运输的抽象劳动,其创造的新价值会追加到所运输货物的原有使用价值中。

(2)运输对自然的依赖性很大。运输不同于工业生产,它对自然有较强的依赖性,大部分的运输活动在露天进行,风险较大。运输的场所、设施设备分布分散,流动性强,具有点多、线长、面广的特点,受自然条件的影响较为明显。

(3)运输是资本密集型产业。由于运输不生产有形产品,它不需要为原材料或零部件预付一个原始价值,运输成本仅涉及运输设施设备与运输运营成本两部分。因此,在运输成本中,固定成本所占比例相对较大,运输需要大量的投资,为资本密集型产业。

(4)运输是"第三产业利润"的主要源泉。第一,总的物流费中比重最大的是运输费。运输的发生必须消耗大量动力,甚至有些产品的运输费比它们的生产制造成本还要高。第二,运输费可以采取有效措施实现节约。运输活动的本质是空间在大跨度范围内移动,具有大消耗、长时间和长距离的特征;利用合理化运输、改革体制和创新技术,有利于将运输的消耗、距离和时间降低,推动第三产业的利润不断增加。

(二)运输与物流

运输不是可以触摸的实体产品,而是对使用者提供的一种服务,服务的质量依靠速度、可靠性、服务频率等指标来衡量。在整个物流系统中,运输需要与其他环节紧密配合、相互合作。

(1)运输与装卸。运输活动与装卸作业是密不可分的。一次运输往往伴随着运输前、后至少两次装卸作业。货物在运输前的装车、装船等活动是完成运输的前提条件。装卸质量的、好坏对运输会产生较大影响。而装卸作业的组织将会直接影响到运输活动的开展。当货物运输到目的地后,装卸成为最终完成运输任务的补充。此外,装卸还是运输方式变更的必要衔接环节,当一种运输方式与另一种运输方式实现必要变更时,如航空运输变更为公路运输、铁路运输变更为公路运输,都离不开装卸作业。

(2)运输与储存。储存是货物在流通过程中暂时"静止"的状态,体现的是货物的时间价值。货物的储存量虽然取决于库存管理水平,但是储存作业受到货物运输活动的作用和影响。如果市场对一种货物的需求量非常大,而仓库中具有大量库存,那么商品实现市场流通的关键环节在于运输。如果没有使用合理的运输工具或者运输活动出现问题,则会让货物储存在仓库中的时间变长。影响货物流通,增加储存费用,还要承担由于丧失市场机会而造成的机会成本。

(3)运输与配送。在物流系统中,通常将货物大批量、长距离地从生产工厂直接送达客户或配送中心的活动称为运输(干线运输),其强调的是货物在地区间的移动,具有单次向单一地点单独运送的特点。将货物从配送中心就近发送到客户手中的活动称为配送(末端运输),其强调的是短距离、少量货物的运输,单次向多处客户运送。

(4)运输与包装。在物流系统中,运输与包装活动互相影响、密不可分。货物包装的材料、规格、方法等都不同程度地影响着运输,而不同的运输方式、运输环境对货物的包装也有相应的要求。运输与包装活动的良好配合,在保证货物安全、提高运输实载率、降低运输成本等方面有着重要的意义。

(三)运输的主要功能

运输作为物流的基本、核心模块,是使用者以一定的成本从供应商那里购买“一揽子服务”(Bundle of Services),通过集货、分配、搬运、中转、装入、卸下、分散等一系列操作,将物品从一地点运送到另一地点的活动。在运输过程中,需要注意运输速度、运输包装、运输环境等因素,保证物品完好无损地出现在效用价值高的地点和时刻。因而运输最基本、最重要的功能,就是实现了物品的空间位移,创造了空间和时间效用。

空间效用(Place Utility)又称“场所效用”,是指通过运输实现“物”的物理性位移,消除“物”的生产与消费的位置背离,使“物”的使用价值得以实现。对于同种“物”,由于所处空间场所不同,其使用价值的实现程度会有所差别,其效益的实现也不同。通过运输活动,将物品从效用价值低的地方转移到效用价值高的地方,充分发挥“物”的潜力,使物品的使用价值得到更好的实现,实现物品的最佳效用价值。

(1)空间效用的原理。运输成本的下降创造了空间效用。如果通过运输系统的优化而降低了运输成本,则可以将市场拓展到更远的地方,而生产地不变,获得规模化的效益;同样,市场也可以出售来自更远地方生产的产品。而随着运输批量增大,长途运输比短途运输成本的降低更明显,从而激励了更长距离的运输。运输距离的增加意味着产品市场范围会以更大比例增加。因此,更高效率的运输方式、更低的运输成本创造了新的空间效用。

(2)空间效用的意义。运输的空间效用使地域分工专业化、大规模生产、竞争的加剧得以实现最好的效果。

第一,充分发挥地域分工专业化的必要条件。任何一个地方都不可能生产所有的产品,每个地域都依据当地的资本、劳动力和原材料情况,提供能够发挥它最大优势的产品和服务,专业化也很明显。例如,在华北,内蒙古自治区是甜菜种植和食糖生产的重要地区,金属冶炼业也比较发达(有色金属矿产丰富);在西北,宁夏和青海的铁合金冶炼业、轻有色金属冶炼业也是具有很强竞争力的产业。

地域分工专业化假设大规模的生产发生在生产地,而对产品的需求分布于或近或远的其他地方。原材料需要被运输到生产地,成品也需要依赖运输系统运送到需要该产品的其他地方。因此,地域分工专业化得以充分发挥的必要条件是通过运输系统实现物资的空间位移,将在 A 地(最有效生产)的产品运输到 B 地,而将 B 地(最有效生产)的产品运输到 A 地。如果没有高效的运输网络,则规模经济的优势、生产效率和低价生产设施的效用都会受到影响。

第二,有助于加剧市场竞争。有效的运输也使得市场竞争加剧,有助于形成充分竞争的市场环境。假设没有运输,地方企事业就可以生产质量欠佳的产品,并且垄断市场,高价销售。运输的空间效用将会扩大产品的市场范围,迫使当地产品不断发展、以最有效的方式生产,否则外地的竞争者就会进入并且占领当地市场。

第三,利于提高土地价值。运输的空间效用可以将一定距离的地域变得更容易到达,从而提高该地区的土地价值,促进地区经济的发展。例如,有效的运输系统使得郊区与市中心的"距离缩短",郊区也因为更加容易到达而增加了价值。郊区的人们可以在城市中心工作和娱乐,然后通过有效的公共交通网络回到郊区,远离拥挤的城市。

二、运输业的认知

改革开放以来,我国的交通运输行业实现了迅速发展,与信息化技术和现代管理技术相融合,出现了许多具有高水准的交通运输装备和设施。不论是从运输量还是运输里程来说,交通运输装备水平和技术水准实现了突破式发展,在新的发展阶段,呈现出运输方式多样化和交错纵横的特征。

国民经济中属于运送旅客和货物的社会生产部门便称为运输业,该产业包含了所有开展运送经济活动的单位和企业。包括市场属性、物质属性和产业属性在内的经济属性、社会属性是运输业的基本属性,两种属性之间的关系也是运输经济学的基本理论和重要研究内容。运输业开展的业务活动，是指充分发挥畜力、运输工具、人力的作用，让旅客或货物转移空间位置，到达他们的目的地。

道路运输业、航空运输业、装卸搬运、水上运输业、铁路运输业、城市公共交通、管道运输和其他运输服务业共同构成运输业。其中，现代化运输业的基本运输方式有五种，分别是航空、公路、铁路、管道、水运。

商品经济的诞生和发展必定会产生运输业。流通是商品经济环境中生产的产品走向市场的关键环节，产品只有通过运输才能送到消费者手中。特别是商品经济的迅速发展，使得商品交换的规模和范围扩大，缩短了商品流通的时间，为了提升商品流通和交换的速度，必须实现运输劳动和生产相脱离，推动运输产业朝着专业化和专门化的趋势发展。运输从生产中逐渐独立出来，也经过了漫长的阶段，手工业生产阶段、工场手工业阶段和机器生产阶段是运输业发展的主要阶段历程。其中，在社会进步和经济发展的过程中，机械运输业的出现和壮大发挥了举足轻重的作用。

运输业进入机械运输以来，一般又可以区分为以不同运输方式为主的四个不同发展时期：一是以水运为主的时期（18 世纪中叶—19 世纪初）；二是以铁路为主的时期（20 世纪 30 年代—20 世纪 30 年代）；三是管道、公路、航空运输大发展时期（20 世纪 30—50 年代）；四是建立综合运输体系时期（20 世纪 50 年代以来）。运输业的四个发展阶段只是世界运输发展的一般过程，并不是世界上每一个国家的运输业都要经历这样一个过程，不同的国家有各自的不同国情，但是每个国家可以借鉴别国的运输发展经验和教训，建立起符合自己国情的综合运输体系，并且向现代物流体系发展。

第二节　运输经济学的发展

一、运输经济学发展的基本内容

（一）运输与经济学的联系

运输(transport)，指的是人或者货物通过运输工具经由运输网络，由甲地移动至乙地，完成某个经济目的的行为。简单而言，运输是在一定范围内人与物的空间位移。需要说明的是，国民经济与社会生活中发生的人与物体在空间位置上的移动几乎无所不在，但并不是所有的人与物的位移都属于运输经济学探讨的范畴。在经济活动的影响下，物质会产生多样性的移动，这些物质移动主要包括：供暖、输电、货物运输、输气和供水，以及发生在电信部门的信息传输，等等。发生的物质移动也是物质的位置产生移动变化，一定程度而言，多样性的物质移动和货物移动具有一样的本质，其中一部分内容也是与货物运输相脱离逐渐形成。可以说，输水、电信传输、供气、输电、供暖等传输系统从交通运输体系中独立出来，他们拥有属于自己独特的交通运输工具，推动物质位移的发生，所以，由于交通运输工具的不同，运输领域并不包含这些形式的物质位移。

在自然经济社会中，生产、生活所需要聚集的必要要素种类少。因此，物质、能量、信息的流通域小，且在大地域范围内的流通频度也很低，只在一窄小范围之中相对较高，所以在这种社会中经济是以“板块割据”的形态出现。由于自然经济社会生产产品的单调而导致各经济板块具有同质性，经济的同质性则使其流通域中的流通频率低，强度小，这时的运输并非现代意义上的一种产业。因此，可以认为，包括运输经济学在内的任何一种经济学都是资本主义生产方式的产物。而只有当流通的涉及面广、强度大、方向复杂、频繁重复时，研究其有效性才有重大的社会意义或价值。也正因为其研究意义重大,才促使其研究内容成为一门经济科学。资本主义生产方式是包括运输经济在内的各种产业经济学产生的根据,要注意之处的是由此引出各种经济学的产生不一定是同期的,而是有先有后,其中通常是先“一般”后“专门”。因为“专门”的经济学理论是要有“一般”经济学理论做基础的。所以运输经济学产生的必要条件有两个:一是运输产业的存在;一是有普适的经济学作基础。

(二)运输经济学发展的定位

运输经济学(transportation economics)是应用经济学的一个分支,它是以经济学的理论和分析方法,探讨与运输有关的各种经济问题的一门学科。目前与运输经济有关的学科,大致可划分为运输经济学、运输地理学、运输规划学、运输工程学、运输组织学和运输管理学这样几个领域。这几个领域之间相互联系和交叉,有时候不容易分得很清楚。而对于地理学家而言,运输的重要性在于它是影响经济与社会活动分布的主要因素之一,所以他们关心运输网空间结构的变化及其与其他地理要素的相互作用关系。运输规划学主要研究运输业发展中运输设施建设的布局、规划原则、规划方法以及如何确定具体的运输项目。运输工程学主要解决具体工程的设计、施工问题和工程中如何提高管理水平、提高效率及效益的问题。运输管理学则是运输业经营者关于运输企业的组织形式、结构规模、如何在运输市场上竞争和内部如何从事计划、财务、劳资等方面的经营和管理的学科。

运输学(运输工程学及运输管理学)的成熟为运输经济学的产生提供了充分条件,而运输经济学则是衔接运输学与经济学的“交叉”学科,因此运输经济学内容的丰富与否是与运输学内容的丰富伴随相关的。其实运输经济学就是从运输学之中分离出来的,而运输学又是一种工程学,那么也可以说运输经济学是一种后工程学。其中前缀“后”除指运输经济学从运输学之中分离出来的那部分内容外,还应包括二者分离后运输工程发展中所出现的新情况。这部分研究的主要内容就是工程技术(运输)与社会(经济)之间的“接口”问题,也就是运输之中的技术经济问题。

其实还不止于此,运输经济学还应包括一部分从经济地理学中分离出来的问题。由于运输经济中的“路”与“车”两种问题比较时,“路”是交通地理系统中的慢变量,它对交通系统特性起着支配性的作用。其中“路”的问题又是属经济地理研究的范畴,因而人们有时也将运输经济问题划归经济地理,而经济地理问题又属地理学科,因此运输经济学研究的问题中还有一部分来自经济地理。但这部分经济地理中的运输问题的基础仍是运输学,没有运输中的路就没有经济地理中的运输问题。实际上准确地讲经济地理问题应为地理经济问题,应属经济学科,所以运输经济学中真正能起分析作用的理论还是运输学和经济学。而运输管理学是一门与运输经济学邻近的学科。这二者的相同之处都是以运输现象作为研究对象;研究目的都是为了要使运输系统能有效运作,并使其资源得到充分利用。不同之处:运输经济学研究是要抽象出运输生产中的经济规律。运输管理学研究则使如何将运输生产中经济规律得以具象。“路”在研究中应尽可能地抹去不必要的背景去进行抽象操作,得到的研究成果就是抽象的规律,规律是属科学范畴的概念。所以运输经济学是一门科学。而“车”则是要尽可能地将抽象规律在其应用的背景进行具象操作,使其回归到背景之中去。具象操作术在遵从规律的前提下,更多的是要应用艺术范畴之中的技术。因此,这就是很多人认为与其说管理学是一门科学,还不如说它是一门艺术的深层道理。

二、运输经济学的发展趋势

第一,研究范围扩大,综合性日益加强。运输经济学的研究领域一直在扩大,目前它的研究内容大致可以分为:交通运输的意义,它与经济、文化及社会发展的关系;运输需求分析;运输供给和成本研究;运输价格分析;运输政策方面的研究;运输业发展战略研究;运输投资和项目评估;城市运输问题;交通拥挤和安全问题;运输引起的环境问题以及运输与土地利用、与能源问题的关系;运输行业管理方式的改革和运输企业的内部管理等。研究领域的扩大反映出交通运输与现代社会经济的联系越来越紧密,也反映出运输经济学开始走向成熟。

第二,过去一向以政策论和经营论为主的发展线索有所改变。近年来,运输政策研究从过去主要关注管制政策转向放松运输业管制、公共运输业的私有化或民营化,注意更多利用市场机制、利用竞争去解决面临的运输问题。现在,运输政策研究更注重实际应用,强调预见性,以便为所需采取的政策或替代政策提出建议,并能事先预计该政策将会产生的影响。

第三,强调运输需求分析。由于物流业和物流管理对现代经济运行效率的影响越来越重要,发达国家目前十分重视物流问题,货物运输的进一步发展要服从提高整个社会物流效率的需要,因此不少著作也开始把货运与物流管理放在一起讨论。

第四,与经济学和地理学等主要学科的关系发生了一定变化。在多学科参与运输经济问题综合研究的同时,运输方面的研究内容逐渐与地理学和经济学两门学科的主要理论研究脱离,在两门学科建设学术的过程中所占比重不断下降,但是在最开始的阶段,西方地理学和经济学理论发展的重要基础和根源都在于运输因素。

第五,研究方法日趋多样化。随着各门学科之间的交流愈加密切,它们之间的渗透性和交叉性不断增强,越来越多的工具和方法应用到研究运输经济的过程中,其中使用最多的方法和工具主要有区域的、实证的、历史的、定性的、逻辑的、计算机模拟的、定量的、规范的等,尤其是不断发展和完善的计量分析方式,促使运输经济学能够有效和高效处理社会经济中与运输问题存在密切关系的大量统计信息,探索和研究其中更加深入复杂的关联。

第三节 运输管理界定及合理化

一、运输管理的界定

利用运输系统所具备的特征实现综合管理便称为运输管理。在经济流通活动的条件下,运输主要包括管理和经营等内容。从管理层面来说,以一定技术水准作为前提条件和依据,从技术角度保障运输经营目标的实现,具体来说,是指以运输经营目标作为依据和基础,让运输各功能要素按照相应的作业标准,实现正常运转，各司其职，推动高效运输系统的构成。从经营的层面来说，经营的目标是让客户的需求得到满足，为了实现这个目标，要追求低成本和高服务质量以及高效率。

运输管理是在既定的背景下，为了推动运输经营目标的实现，以现代化管理思想作为科学指导，利用科学合理的方式，组织、控制、计划和领导物流运输活动。运输管理的侧重点在于，公司获取物流服务的同时购买和控制这种移动服务。

合理化运输和资源价值最大化运输的实现是优化物流系统的重要内容，也是人们一直关注的重点。所以，在组织物流活动、设计物流系统的过程中，其中最基本的要求便是推动运输合理化的实现。

二、运输合理化管理分析

（一）不合理运输的形式

判断运输的合理与否，需要在满足客户需求的基础上，从社会运输资源能否发挥最大作用的角度进行分析。以现有环境下可以实现的运输水平作为标准，运输没有达到该要求和标准，便称为不合理运输，最终会导致增加运费、浪费运输动力和增加运输时间等问题。当前，我国交通运输行业存在的不合理运输形式主要包括：

（1）空驶运输。是指车辆没有装载任何货物而空车行驶，这是不合理运输的所有形式中最严重的一种。产生空驶的原因主要包括以下几方面：①过度专用车辆，使得回程货物不能利用运输车辆搭运，运输车辆只有单程载有货物，存在单程回空周转的问题；②之所以会产生单程空驶和单程重车的不合理运输现象，主要是因为能利用社会化运输体系完成运输却用自备车代替，完成送货提货环节；③工作或计划不够完善，出现不实货源的失误，导致空车去空车回，双城空驶问题便产生。

（2）对流运输。这种运输方式是不合理运输的所有形式中经常存在的突出形式，人们又把它称为交错运输和相向运输，是指同类的货物或存在相互代替关系的货物之间产生的相向运输问题，也可以称之为交错运输和相向运输，但不同品牌或具有差异性的产品除外。它有两种表现形式：①明显对流运输。即同类（或可以互相代替）的货物沿着同一线路相向运输；②隐藏对流运输。即当同类（或可以互相代替)的货物在不同运输方式的平行路线上或不同时间进行相反方向的运输。倒流运输是隐藏对流运输派生出的一种特殊形式,是指同一批货物或同批中的一部分货物,由发运站运至目的站后,又从目的站往发运站方向运输。

(3)迂回运输。随着纵横交错物流网的形成和车辆灵活性、机动性的显著提升,交通运输从始发站到目的站之间存在多样化的运输路径。除了最短路径之外的其他绕道路径运输都可以叫做迂回运输。其中,迂回运输中属于不合理运输的是——由于不当的组织、不熟悉地理环境和不周到的计划等因素产生的绕道、迂回。如果在运输过程中遇到恶劣的道路情况、限制排气和噪声、交通堵塞等原因造成的不得已迂回,则不能称为不合理运输。

(4)重复运输。重复运输具体是指,将同一批物资从产地运输到目的地之后,没有经过必要的作业和加工环节,也不是出自中转的考虑和联运的需求,又重新将这些物资向别的目的地运输。在流通物资的过程中,重复运输的本质是多余的倒装和中转,不仅浪费装卸费用,还使得车船存在非生产性停流现象,白白增加车船和货物的作业量,对流通速度造成延缓,最后,使得费用和损耗增加,产生资源浪费。

(5)过远运输。过远运输是指运输商品时选择舍近求远的路线。在运输物资的过程中,并不按照就近或就地的原则,对某种物资进行获取,而是选择舍近求远的路线,从更远的地方或外地获取同种物资,使得运输距离拉长,浪费运力和资源。

(6)无效运输。无效运输是指运输的货物中包含了许多杂质和边角废料,比如,原油中拥有过高的水分,煤炭中包含了过多的矿石,最终造成运力浪费的问题。

(7)运力选择不当。不当的运力选择是指没有将各种运输工具的优势充分发挥出来,对运输工具的不合理选择导致不合理运输现象的发生。常见的表现形式主要有以下几种:①对运输工具所具备的承载能力选择不合理,在选择运输工具方面,不以承运货物的重量和数量作为选择运输工具的依据而盲目乱选,导致发生不满载货物、运力浪费、车辆损坏和过分超载等现象;最常见的现象是大马拉小车,运输工具的装货量较小,一定会增加单位货物的运输成本。②放弃水运选择陆运。如果一批物资的运输工具同时拥有水运和陆运两种方式,水运或水陆联运具有低成本的优点,货主却选择汽车运输或铁路运输等陆运方式,不仅没有充分发挥出水运的优势,还导致成本的浪费。③利用铁路和大型船舶的运输方式进行近距离运输。大型船舶和铁路适合较远里程的物资运输,货主在近距离运送物资时选择这两种运输工具,导致运力浪费,也是一种不合理运输。不合理的原因是火车和大型船舶拥有较长的装卸时间和到达目的地的准备时间,没有充足的机动性和灵活性,运输过近距离的物资无法将运速快的优势发挥出来。而且较长的装卸时间会导致运输时间的延长。火车和大型船舶运输工具和小型运输设备相比,前者的缺点在于高费用和较难的装卸工作。

(8)托运方式选择不当。这种方式是指货主没有选择最好的托运方式,最终导致增加费用支出和浪费运力的问题。比如,在运输物资的过程中本来可以选择整车运输却用零担托运代替,本来可以选择直达的方式却用中转运输的方式代替,这些运输方式都属于不合理运输的方式。

值得注意的是,上述各种不合理运输形式都是在特定条件下表现出来的,在进行判断时必须从系统角度来考虑。如果发生对流的同一种产品,尽管商标不同、价格不同,却是由于市场机制引导的竞争结果,就不能看成不合理。

(二)影响运输合理化的因素

1. 内部因素

(1)运输距离。运输物资时,运输距离会影响到包括运费、运输时间、运输重量和车辆船舶的周转等在内的许多个技术经济指标,还有一定的比例关系存在于运输距离和这些指标之间。所以,运输合理化的重要衡量标准之一在于运输距离的长短。从微观上来说,缩短运输距离有利于增加企业的效益,从宏观层面来说,有利于增强社会效益。

(2)运输环节。每一次运输的增加,必然会产生总运费和起运运费的增加,也会影响与运输紧密相关的其他物流活动(包装、装卸),导致各种技术经济指标的降低。因此,运输环节特别是同类运输工具环节的节省和减少,将大力推动合理运输。

(3)运输工具。不同运输工具在利用过程中具有不同的优势,要与运输工具的特征和优势相结合,合理优化选择运输工具,推动装卸运输作业高效开展,将每种运输工具的作用和优势最大限度地发挥出来,这是实现合理化运输的关键内容。

(4)运输时间。在整个物流过程中,耗费时间最长的环节是运输。但物流花费的所有时间中,运输时间占据比例最大,要想缩短流通时间必须缩短运输时间。除此之外,缩短运输时间,能够提升运输工具的周转速度,将运力的作用最大地发挥出来,从而提升货主周转资金的效率,推动提升运输路线的通过能力,最终实现运输合理化。

(5)运输费用。整个物流过程花费的所有成本中,占据最大比例的是运输费用,整体物流系统竞争能力的高低取决于运费。事实上,不管是经营物流的企业还是货主企业,对于降低运输费用都乐见其成,这也是实现运输合理化目标的重要因素。衡量是否行之有效地实施各项合理化举措的重要依据在于运费高低。

2.外部因素

(1)资源分布状况。资源的分布状况也对运输活动产生较大的影响。我国地大物博,资源丰富,但分布不平衡。如能源中的煤炭和石油,目前探明的储量都集中于北方各省区的西南、西北地区,而我国东南部省区的储量很小,但工业用量却很大,这在很大程度上影响了运输布局的合理性,形成了我国"北煤南运""西煤东运""北油南运""西油东运"的运输格局。

(2)国民经济结构的变化。运输的对象是工农业产品,因此工农业生产结构的变动必然会引起运输分布的变化。不仅工农业产品的增长速度成正比例地影响着货运量及其增长速度,而且工农业生产结构的变动也会引起货物运输结构及其增长速度的变化。例如当运输系数较大的产品比重增加时,运输量也会以较快的速度增长,反之亦然。

(3)运输网布局的变化。交通运输网络的线路及其运输能力、港站的地区分布,直接影响运输网络的货物吸引范围,从而影响货运量在地区上的分布与变化。例如,某地铁路网布局密度高于公路网分布密度,则铁路运量就大于公路运量。运输网布局的合理化,直接影响着企业运输的合理化,并将促进货运量的均衡分布。

(4)运输决策的参与者。公众、托运人、收货人和承运人是参与运输决策的主要主体,是否合理地开展某项具体运输作业受到这些主体的决策和活动的影响。

(三)运输合理化的应对措施

(1)运输体系实现社会化发展。运输体系实现社会化发展是指对运输工具进行统一安排和部署,否则一家一户的小生产运输方式很容易导致多种不合理运输形式的发生,比如倒流、运力不当、空驶和对流等。在社会化运输体系的安排下,规模效益和组织效益都能实现最大化。因此,要想实现运输合理化,最重要的举措之一便是社会化运输体系的发展。如今,我国在铁路运输方面已经拥有比较完善的社会化运输体系,在公路运输方面,还存在许多一家一户的小生产运输方式,非常常见,所以针对公路运输建立与之相应的社会化运输体系迫在眉睫。需要注意的是,自我国改革开放以来,公路运输方式已经发生了翻天覆地的变化,发展十分迅猛,推动了运输能力和质量大大提升。

(2)推动直达运输的发展。直达运输是指从产地或起运地直接将物资运输送客户所在地或销售地,越过、减少包括铁路交通中转和商业、物资仓库等在内的环节的运输方式。中转换载环节的减少是直达运输的关键内容,有利于运输速度的提升、中转货损的降低和装卸费用的节省。直达运输方式虽然省略了中间环节,但推动了运输费用和时间的节省,具有非常大的灵活性。但相对来说,对企业各个部门之间配合协作的程度提出更高的要求。就企业来说,应该加强内部包括仓库、财会、业务和计划等在内的各个部门之间的团结协作能力,让相应的联络机制建立起来让相应的需求得到满足。直达运输方式和其他合理化举措相同,只有在一定条件下才能体现出合理的直达运输。这种运输方式在货物出口中运用较多,部分消费品可以结合具体货物的不同情况,对中间环节减少或省去,直接向零售商或批发商所在地运输。实践中要根据用户的要求,从物流总体出发作综合判断。

(3)运输工具实载率的提高。这是表示充分利用运输工具的额定能力,避免或尽量少出现不满载行驶和车船空驶的现象,节约运力,推动运输合理化的实现。

(4)在中短运输距离中开展“以公代铁”的运输方式。这种运输方式的合理性主要包括两方面:①将公路运输方式在中途运输过程中存在的灵活机动性和速度快、“门到门”的优势充分发挥出来,提升服务质量和水准,而且服务质量是铁路运输无法比拟的。②铁运运输的劣势是交通紧张,而公路运输的交通紧张在分流作用下得到缓解,有利于中短距离运输通过能力的提升。目前,“以公代铁”的运输方式在我国煤炭、杂货、日用百货等运输方面运用广泛。200 千米以内、甚至 700-

1000千米的运输距离适合利用这种运输方式。

(5)分区产销平衡合理运输。这种运输方式是指在物流运输过程中,将某种货物从最适合生产的区域向消费区域运输,运输活动要按照既定计划进行。实现产销平衡之后,要以近产近销原则作为主要依据,选择运输距离最短的路线。利用分区产销平衡运输方式,有利于将货物产销过程中供、销、产和远的计划性进一步增强,对不合理运输形式的迂回、对流和过远等现象避免,推动运输损耗、物流费用和运输成本的减少。在具体实践过程中,简单规格、分散消费、集中生产和单一品种的货物,或集中消费、大调动量和分散生产的货物适合使用这种运输方式,比如木材、矿建材料、水泥、煤炭、粮食等货物。

(6)引入新技术新工具。引入新技术新工具是实现运输合理化的重要途径之一。比如,运输粉状货物使用专用散装车、运输液体状货物使用罐车,有助于大大降低运输过程中存在的较差安全性和大损耗等问题,利用专用运输车将整体运输大型设备的问题妥善解决;利用滚装船解决运输载货车的问题;与一般货船相比,集装箱船在运输过程中的运用能将更多箱体容纳;集装箱高速直达船或直达车的运用有利于运输速度的提升等。

(7)"四就"直拨运输。按照一般运输的程序,当货物批量到港或到站之后,首先要向批发部门或分配部门的仓库转移,再按照相关安排和程序向用户销售或分拨。如此一来,货物的运输效率明显降低。在"四就"直拨运输方式的作用下,管理机构首先做好提前筹划工作,在调运货物时,货物不需要向批发站仓库移动,而是直接分拨给基层批发、零售部门,以减少中间环节,从而在时间与经济上实现双重效益的运输方式。在具体的物流过程中,结合实际情况选择不同的运作方式,可以从就仓库直拨、就厂直拨、就车船直拨、就车站直拨等方式中选择。

(8)选择适当的流通加工。由于某些产品拥有特殊的形态和属性,因此很难在运输过程中实现合理化运输。可以对这些产品进行适当的流通加工处理,便能将合理运输过程中存在的问题妥善解决。比如,造纸材料的运输,提前在产地将材料进行加工处理,变成干纸浆,再将体积压缩后运输,便能处理运输时容易出现的运输不满载的现象;运输轻泡产品之前,要按照规定尺寸将包装捆紧,便能提高运输时的装载量;运输肉类和水产品要提前冷冻,既可以对运输损耗降低也可以使得车辆装载率提升。

第二章　现代运输需求与供给分析

第一节　运输需求分析

一、运输需求的认知

（一）运输需求的相关内容

1. 需求理论的基本内容

（1）需求的基本概念。运输需求理论是从微观经济学的消费者需求理论发展而来的。在微观经济学中，需求（demand），是指当其他条件相同时，在某一价格水平下，消费者愿意并且能够购买的商品数量。在某一价格下，消费者愿意购买的某一物品的数量称为需求量。在不同价格下，需求量会不同。因此，在其他条件相同时，一种物品的市场价格与该物品的需求数量之间存在着一定的关系，这种关系若以图形来表示，即需求曲线（demand curve）。需求曲线中，每一个价格水平都对应着一个需求量。需求曲线有一种明显的特征，即需求定律。需求定律（the law of demand），指的是当一种商品的价格上升时（同时保持其他条件不变），购买者便会趋向于购买更少的数量。同理，当价格下降、其他条件不变时，对该商品的需求量会增加。

（2）需求量的含义。需求量是指在某一价格下消费者意图购买的商品/服务的数量。此处,需求量只是"意图"的概念,不是事实,也无从观察。这与运输市场中的成交量(运输量)是两回事。成交量是事实,是可以观察到的:一样物品的购买量与出售量永远相同,二者是同一回事,只是从成交量的不同视角来看。因此,切勿混淆"需求量(某一价格条件下的需求数量)"和"运输量(需求和供给相互影响下的实际成交量)"。对于运输而言,运输量的大小当然与运输需求的水平有着十分密切的关系,但运输量本身并不能完全代表社会对运输的需求,因为运输量还要取决于运输供给的状况。

此外,还要注意,"需求量"与"需求"是不同的概念。前者是因价格变动而变动的。而后者的变动,是因为价格之外的其他因素引起的。春运期间(是个变量),影响了"需求",使整条需求曲线向右移动。因为这种移动,需求量也就增加了,但这增加可不是由价格变动引起的。很明显,要以需求定律来表达公路票价与公路运输需求量的关系,我们必须假设分析的时期不变。

(3)价格的含义。价值有两种:一是使用价值(use value);二是交换价值(exchange value)。使用价值是一个消费者对某物品在边际上所愿意付出的最高代价;交换价值是获取该物品时所需要付出的代价,在市场上,就是该物品的市价;价格是就货币而言的物品的交换价值。有些物品没有市场,所以没有市价,在此我们用代价来取代市价,代价也是要付出或放弃的物品的最高边际使用价值。需要注意地是,市价是一种代价,但代价不一定是市价。例如,在"五一"长假时去买火车票,除了按车票上的数值支付货币(票价)之外,可能还要向代购点或者黄牛支付手续费,这里的票价加上手续费等于火车票的市价。除了市价之外,我们可能还要承担购买车票过程中的奔波(这是一种市价之外的代价)。可见,购买某一运输服务的代价可能会远高于车票的市价,在需求分析时,我们要注意市价与代价的区别。

(4)需求量的变动与需求变动的区别。需求量是在某一时期内,在某一价格水平上,消费者购买的商品数量,商品价格的变动引起购买量的变动,我们称之为需求量的变动,它表现为需求曲线上的点的移动。而需求是在一系列价格水平时的一组购买量,当商品价格之外的因素变化引起购买数量发生变化时,我们称这种变化为需求变动,它表现为需求曲线的移动。当所要购买的数量在每一价格水平增加(或减少)时,称为需求增加(或需求减少)。切勿混淆"沿着曲线的移动(需求量的变动)”和“曲线的移动(需求的变动)”。区别的关键在于价格变动时其他条件是否保持不变。

2. 运输需求的基本内容

“随着生产社会化程度的不断提高,专业化、规模化生产已在社会生产经营中占主导地位,交通运输已成为社会经济的重要组成部分。[①]”

需要说明的是,需求(demand)与需要(need)是两个不同概念。从经济上讲,有支付能力的需要,方构成对商品或服务的需求。引申到运输领域,运输需求(transport demand),是在一定的时期内,一定的价格水平下,社会经济生活在货物与旅客空间位移方面所提出的具有支付能力的需要。同需求一样,具有实现位移的愿望和具备支付能力是运输需求的两个必要条件。不过,由于交通运输具有社会服务的性质,因此也有观点认为它应该满足的是社会“需要”,而不仅仅是市场“需求”,而只依靠以简单盈利为目标的市场力量就不足以实现那种对交通运输越来越宽泛的社会标准和要求。

运输需求分析研究的是运输需求曲线所在的位置、曲线斜率以及曲线在何种因素影响下左移或右移的程度。但由于运输市场是十分复杂的,因此运输需求分析的难度也很大。从运输市场是“一组运输服务”的概念来看,根据分析问题的需要,现实中可以存在着无数多各种各样从很小到非常大的运输服务的组合,因此运输市场的种类几乎是没有穷尽的,而每一组这样的运输服务都对应着一条自己的需求曲线。

(二)运输需求的特性

与其他商品的需求相比,运输需求主要具有以下特性:

(1)派生性。商品的需求总体上可以分为派生性需求和本源性需求,运输需求就属于派生性需求。派生性需求(derived demand)是说一种生产要素的需求是伴随着其他一种或者几种生产要素而产生,就比如,从事运输行业的经营者会把运输过程中产生的费用看成他们投入的成本,故而会想法设法尽量降低投入。对于

① 袁新岭,徐海成. 再论运输需求[J]. 铁道运输与经济,2008,30(7):10.

有运输需求的客户来说,他们的目的并非从甲地到乙地的位移过程,而是有生产、生活的需求,位移本身是作为达成目的的方式存在。

(2)广泛性。在当今社会,运输业已经是贯穿渗透在社会的角角落落,人类生活的各个方面、各个环节都不可能离开运输需求,脱离了运输需求,任何社会活动都难以顺利开展。广泛性作为运输业的重要特征,是基于人类社会的普遍需求。

(3)多样性。货物的品种多样性是从事货物运输的服务商所要面对的问题。货物的体积、重量、特性、外观特征及包装特点均有区别,所以对运输的要求也不尽相同。运输货物时,就一定要根据货物的特性提供相应的技术措施。相较于货物运输,旅客运输对服务质量的要求更加多样化。基于旅客本身的社会身份、消费水平等因素的差异,他们对运输过程中的服务便捷性、交通工具的时速要求以及安全舒适与否,会呈现多样的需求。

(4)空间特定性。运输就是在不同的区域范围内,运输消费者指定的两点之间带有方向性的位移,所以空间特定性就是运输的另一明显特征。相比较旅客运输,货物运输在方向上具备不平衡性,尤其是像煤炭、石油、矿石等因地域分布影响较大的货物,运输的高峰方向都非常明显,也正因为此货运量在方向上一直难以平衡。同时,值得注意的是,运输需求会随着时间的推移产生变化,运输产品以及服务往往不能及时调整,故而在短期内呈现出毫无弹性,但又必须最大可能地去满足社会需求。所以,像节假日等运输需求量激增的时候,只能以降低服务标准来保障运输需求得到满足,反之在运输量大幅减少的淡季,又必须依靠闲置设备,以期达到平衡。

(5)时间特定性。无论是客运还是货运,在时间上都有一定的规律可循。因为运输需求在时间上具有不平衡性,直接导致运输生产的时间上也存在相同的特性。时间特定性同时还包含了运输速度的要求。客运及货运的运输需求在时间上都有很强的限制性,这是因为客户对运输服务的起始时间都有相对的要求。就货物运输需求而言,基于货品种类千差万别,客户对运输时间的要求就不尽相同,不同的货物特性也对运输速度有着大相径庭的要求。从旅客运输需求的角度来分析,每个客户的经济情况、旅行目的等因素不同,对时间的要求也就自然不同。

(6)部分可替代性。大部分情况下,情况各异的运输需求之间很难互相替换,就好比人和物的位移是无法替代的,有人从上海去北京就不能用上海去广州代替,水果商贩卖水果，不能给他拉煤炭，原因是这些运输需求都不相同。但是，也存在特殊情况，人们可以通过替代性的活动安排满足不同的运输需求。就譬如随着输电技术的不断发展，输电就可以用特高压输电工程来替代电煤的运输，就工业生产而言，原料产地往往和产品市场分离，在考虑劳动力分布的因素后，人们会根据收益对比来选择是运输原料还是运输成品或者半成品。另外，随着通信技术的高速发展，电话会议、语音视频等手段都可以代替相当程度上的人员流动。

（三）影响运输需求的主要因素

通常认为，消费者对某种商品的需求（D）受它的价格（P_0）、其他商品价格（P_1，P_2，…，P_n）以及收入水平（Y）的影响：

$$D=f(P_0,P_1,P_2,\cdots,P_n,Y) \tag{2-1}$$

虽然这一简单结构不仅适用于运输，而且也适用于所有其他商品和服务，但是如果要理解运输市场的运作方式，需要注意其中的细节和微妙之处。上边等式中的每一项，事实上不是简单的变量，而是若干相互作用的因素的复杂复合物。例如，价格不是简单地付出的票价，而必须包括为获得运输服务所付出的所有其他成本（其中的“时间成本”，通常被认为是最重要的其他成本）。同时，影响个人旅行需求的可能不是总收入，而是超过某一维持最低生活水平的收入。此外，有必要弄清，需求的究竟是什么：是旅行本身，还是比这更为具体的某种经济活动。

1. 需求者的偏好

偏好（preference）是个含义颇广的变量。虽然在某些情况下，这样的变量能够而且实际上也应该包含在需求函数中，但一般来说，偏好更可能影响需求方程（式2-1）的实际形式。因此，可以看到，偏好的变化会影响需求和解释变量之间的关系，而不是导致遵循既定的关系模式沿着需求曲线作某种移动。

“偏好”的经济含义很难弄清楚，但实际上它似乎包括前面标题中未涵盖的所有对需求的影响。随着时间的推移，运输方面的偏好肯定已发生了变化。例如，在私人运输中很多国家的居民拥有小汽车的倾向增加了，而在货物运输中，国民经济结构的改变（特别是从基础重工业转向产生高价值低重量产品的轻工业）使人们将重点从价格转移到了运输服务的其他方面。这两种变化在一定程度上必然与生活水平的上升有关。有了更多财富和更多空闲时间，人们会更加强烈地渴望利用私人运输工具提供的较大自由和灵活性。随着离开市中心的大居住区变得越来越具有吸引力，居住地点模式的改变也成为可能。

2. 消费者的收入水平

需求的收入弹性（income elasticity of demand），简称收入弹性，指的是，在其他条件（如价格）保持不变的情况下，需求量变动的百分比除以收入变动的百分比。

$$e_i = -\frac{\Delta Q/Q}{\Delta I/I} \tag{2-2}$$

式中：e_i 为收入弹性，I 和 ΔI 为收入及收入的变动量。

以上的证据都充分地表明作为一种正常的商品，收入水平和运输需求量成正比，但这样的论证在有些运输方式及一些场合并不适用。比如，收入越高的人群，与拥有私家车辆的比例成正比，随之对公共交通的需求就会相应减弱。收入越高，购买私家车辆的可能就越大，公共交通往往只是作为备选存在。如果收入产生变化，人们对长期和短期的运输需求施加的压力也有所差异。一般情况下，收入如果降低，交通运输的需求也会随之下降，但人们会在相当一段时期内重新安排支出计划，这就降低了长期弹性。

3. 运输服务的价格

(1) 需求的价格弹性。运输价格所包括的内容超过以车票或货运费形式支付的简单货币成本。在运输模型以及定量研究中，价格的这些其他组成部分（即时间成本、等候、不安全等）可能结合起来形成一般化的成本指数，但这里我们把注意力集中在货币价格上，特别是把注意力集中在运输工具的使用者对于运输服务价格的敏感性上。根据微观经济学理论，需求的价格弹性（price elasticity of demand），简称需求弹性，计算公式如下：

$$e_d = -\frac{\Delta Q/Q}{\Delta P_T/P_T} \tag{2-3}$$

式中：e_d 为需求弹性，Q 和 ΔQ 为需求量及其变动量，P_T 和 ΔP_T 为运价及其变动量。对于商品或服务的不同弹性程度，我们有不同的称呼：①当 $e_d = 0$：我们称之为完全

无弹性，此时，价格的变动对需求量无影响；②当 $0<|e_d|<1$：我们称之为缺乏弹性或无弹性，此时，价格的变动对需求量的影响较小，价格上升可以增加供给者的总收入（价格乘以需求量）；③当 $|e_d|=1$：我们称之为单位弹性或单一弹性，此时，价格的变动对供给者的总收入无影响；④当 $1<|e_d|<\infty$：我们称之为富有弹性，此时，价格的变动会引起需求量更大的波动，价格上升会导致供给者总收入的下降；⑤当 $|e_d|=\infty$：我们称之为完全弹性或完全有弹性，此时，需求量对价格及其敏。

使价格一般化显然很困难，尤其是要包括全部运输方式时更是如此。但在许多情况下，似乎很明显，某种限度之内的价格变化对于旅行或运输服务的需求数量只有较小的影响。举例说明，货物船运的需求没有什么弹性，部分是由于船运服务缺少近似的替代物，部分是因为对经常运载的原料的需求无弹性，部分是因为运费在货物最终销售价格中占的比重较小。

（2）运输需求的价格弹性。20 世纪 70 年代对城市公共交通的研究包括许多不同国家研究结果也表明价格弹性较低，直接票价弹性在-0.3 左右被认为是正常的。但是，在票价变化研究"之前和之后"发现的短期弹性，大致为涵盖超过 5 年反应时间的长期弹性的 1/3。价格变化对于私人小汽车运输的影响，必须区分为对车辆拥有量的影响和对车辆使用的影响。例如，英国对车辆价格的弹性约为-0.3，对汽油价格的弹性约为-0.19 美国的经验研究表明了相当高的敏感程度（购买的价格弹性为-0.88，燃料的价格弹性为-0.82），但是反应仍然是非常低的。关于小汽车的使用，所有的证据都表明，在短期内，燃料的价格弹性极低，这可归因于家庭支出的车辆拥有和使用之间的模式发生了变化和人们对开汽车成本的感受发生了变化。

（3）运输需求弹性的影响因素。许多有关需求弹性的统计资料存在的问题是，它们是关于不同种类运输的平均弹性。事实上，交通运输的价格弹性与其他货物的价格弹性一样，理想的做法应该是进行具体的分类。对于运输而言，以下因素对需求弹性影响较大：

1）旅行目的。某些类型旅行的票价弹性远高于其他种类的旅行。特别是商务旅行需求似乎对于运输价格的变化较之其他旅行更不敏感。

2）收费方法。各种运输方式的使用者（或者某些时候，相同运输方式的不同服务的使用者)，常常遇到完全不同的付费方法。因此，他们对旅行价格的感觉可能与实际花的钱不同。例如，汽车驾驶者对他们旅行的全部真实价格感觉很少，因为他们是根据短期边际成本这一有限概念做出决定的。另一方面，公共运输工具的使用者在旅行开始之前就得买票因而非常强烈地感觉到出行成本。不过，由于有种种季票(从而可整批购买特定路线上的旅行)和“旅行卡”(从而可整批购买特定交通网上的旅行)的便利，区别不是很明显。旅行卡制的价格弹性比传统单票现金支付制的价格低得多。

3)所考虑的时期。与其他购物决策一样，面对运输价格变动的人们可能在特短时期、短时期和长时期行为方式大不相同。例如，人们对公共交通票价上涨的即时反应可能很激烈，但是经过较长时期，他们会软下来，决心会变弱，因而长期弹性远远低于特短时期的弹性。所以，特短时期的弹性可能非常高但保持时间很短。这种情况可能并不像有人认为的那么普遍，实际上，在稍长的时期，反而可能出现相反的反应。又如，在短期内，人们可能对价格变化反应相当迟钝，或是因为他们并不认为这是永久的变化，或是由于技术上的约束限制了他们立即行动。20 世纪 70 年代石油价格暴涨后对私人大汽车运输需求的增加，就说明了这后一种现象。石油危机的影响十分清楚地表明，价格的短期效应与长期效应完全不同。在短期内，人们试图继续干他们以前干的事情，而在长期内，他们则调整自己的行为。在短期内，石油的价格弹性很低，为 0.1；而在长期内，人们则通过调整车辆的大小来做出反应。同样，在考虑上下班出行成本的普遍上升的后果时，工作出行的必要性有可能导致短期的出行方式极少变化，但是在较长时期里，住所或工作场所的改变，可能产生更为显著的后果。

4)价格变化的绝对水平。人们普遍发现，旅行距离越长，弹性越大。但不应该简单地把这看作是距离的函数，而应该看作是对绝对值的反映。

5)替代品的多寡。如果某一运输服务在当地没有合适的替代品(例如偏远地区可能只有一条公路而没有其他运输方式)，那么，该运输服务的票价弹性将远低于有替代运输方式时的水平。

4. 其他运输服务的价格

(1)需求的交叉价格弹性。任何一种运输服务的需求，都可能受到与其竞争的和补充性的供应者行为的影响(严格地说,它还受经济中所有其他市场价格的影响,但是土地市场以及通讯可能是例外)。另外,在各种公共运输方式之间存在着交叉的价格影响。我们可以用交叉弹性的概念来表明这种影响。需求的交叉价格弹性(cross-price elasticity of demand)的计算公式如下:

$$e_{AB}=-\frac{\Delta Q_B/Q_B}{\Delta P_A/P_A} \tag{2-4}$$

式中 e_{AB} 为 A 与 B 两种运输方式需求之间的交叉价格弹性,即 A 方式运价升降对 B 方式运输需求增减的影响程度,Q_B 和 ΔQ_B 为 B 方式运输需求量及相应的增量,P_A 和 ΔP_A 为 A 方式运价及相应的增量。若 $e_{AB}>0$ 表示 B 运输方式的需求量与 A 运输方式的价格正相关,则 A 与 B 互为替代品;若 $e_{AB}<0$ 表示 B 运输方式的需求量与 A 运输方式的价格负相关,则 A 与 B 为互补品。

(2)运输需求的交叉价格弹性。一般而言,运输需求的交叉价格弹性水平结果的不同是所采用的估算方法和时间长度的不同造成的。改变公共运输票价结构,会使各种公共运输方式之间需求的变化大于公共运输和私人运输之间需求的变化。在其他运输市场,无论是在同一种运输方式的经营者之间还是在不同运输方式的经营者之间需求的交叉弹性可能更高。例如,公路网络的扩大,通过降低公路旅行费用,肯定增加了对某些公路支线的需求,同时减少了竞争线路上的需求。这种网络效应的准确含义比运输方式划分的准确含义更难查明,但实际上这种效应是运输系统的重要特征。

二、货物运输需求分析

(一)生产地区位的决定

毫无问题,在运输与经济的发展之间存在着联系,但二者之间的因果关系却很难说清楚。另外,虽然人们现在已充分认识到这些相互作用,但要建立能全面反映所有这些联系的综合理论,实际上却很困难。运输和土地利用变化不断对空间的充分利用进行调整的事实,使问题进一步复杂了,因为存在不中断的因果循环,所以难以断定在哪一点插入这个变化的连续体是切合实际的。因此,从实际出发,人们必须做出相当谨慎的判断,是把土地利用看作是受运输的影响,还是反过来运输受土地利用的影响。

在某种程度上，最后的决定必须取决于正在考虑的问题。城市规划专家往往把运输视为影响因素，他们注意的焦点在于城市空间的规模与结构。例如，为什么出现某种人口密度，或者为什么发生特定的城市经济互相作用。与之相对应，运输经济学家通常接受特定的土地利用模式，并在它的约束内研究提供有效率的运输服务的方法。其中隐含着这样的假设：因果关系是从土地利用到运输，即一般说来，土地利用是预先决定的，各个生产地与消费地的位置都是已经事先确定好的。

在短期的运输需求分析中这种假设是可以成立的，而且我们只能在各生产地与消费地的位置已经确定的情况下讨论运输供求的短期平衡。但如果是在一个很长的时期中，又是什么因素决定了这些生产地和消费地所在的位置；交通运输条件又在其中起着怎样的作用。比如，我国的汽车工业（我国的第一汽车制造厂位于长春市）早期主要集中在东北地区，其中，最为重要的是与钢铁（鞍钢）、煤炭（在长春四平间）、木材（兴安岭）和其他原材料工业在周围分布，水陆交通方便以及人口较集中有很大关系。但随着我国的工业重心逐步向南部地区迁移，东北作为汽车工业产地的主要优势就不那么明显了，一些最新的汽车厂主要改在我国东南部地区设点，其中节约运输费用因素的考虑起着重要作用。因此，可以说，一方面制造业的布局是决定运输需求的重要因素；另一方面，运输条件及运输成本又在某种程度上决定了制造业的区位。

（二）货物运输需求的基本属性

1. 货物运输需求中的运输距离

尽管重工业和农业在发达国家经济结构中所占的比重已经有所下降，但它们所引起的运量或运输需求在总货物运输量中仍占有绝大多数。例如，美国货运量最大的货物种类主要有砾石、粮食、非金属矿石、废弃物、天然气焦炭沥青、煤炭、汽油和原油产品。

2. 货物运输需求中的货物批量

（1）经济订货批量模型。货物批量（shipping size）指的是一批次运输货物的重量,货物批量也是衡量货物运输需求结构的另一个重要方面。通常情况下,货物批量甚至是决定性的。这里我们借用物流中的经济订货批量(economic order quantity)来说明货物批量的决定因素。经济订货批量模型是目前大多数企业(货运需求者)最常采用的货物定购方式,该模型适用于整批间隔进货、不允许缺货的存储问题。假定:企业能够及时补充存货,需求量稳定;并且能够预测;存货单价不变,不考虑现金折扣;企业现金充足,不会因现金短缺而影响进货;所需存货市场供应充足,不会因买不到需要的存货而影响其他。那么,在上述假设下企业的年存货总成本为年订货成本和年储存成本之和,即:

$$TC(Q)=DS/Q+QK/2+F \tag{2-5}$$

式中:TC 为年存货总成本,元。

D 为年货物总需求量,吨;

Q 为每次进货量,吨;

S 为单位重量货物的订货成本(包含运输成本,议价成本等),元/吨;

K 为单位重量货物的储存成本(包含仓库建设、租用、运营和管理费用,货物占用的资金成本,货物陈旧损坏或跌价的风险等),元/吨;

F 为其他固定成本,元。

为了使年存货总成本达到最小值,可以运用微积分推导出最优订货批量 Q^* 的表达公式:

$$Q^*=\sqrt{\frac{2DS}{K}} \tag{2-6}$$

(2)货物种类与载运工具的装载量。从公式 2-6 中我们可以发现,如果某种货物的储存成本远高于运输成本或者年需求总量很高,那么,货运批量可能会很低;若是运输成本远高于储存成本,那么,批量可能就很高。换句话说,如果运费上升,最优货物批量通常将出现下降;如果年运输量或订货成本上升,最优货物批量也将随之提高。

(三)影响货运需求的主要因素

1. 运价水平的影响

实际上,每一种货物运输由于运输对象、地理条件和其他种种因素的影响,其真正的需求弹性是非常复杂的，不同的人从不同角度或使用不同的分析方法都可能得出不同的结果，因此要想十分准确地计算任何一组运输需求的价格弹性都几乎不可能，我们只能从大体上去把握每一种运输需求弹性的变化范围，并进行必要的比较。

进一步地说，即使运输需求弹性值计算准确，我们又能在多大的程度上将其推广使用；某一年的运输弹性是否能代表该时期以前和该时期以后的运输市场情况；某种货物的运输弹性是否能代表其他货物的运输弹性；某地的运输需求弹性是否能代表其他地区之间或者全国的运输需求弹性等，显然都不能。每一个特定运输市场（即一组运输服务）中的运输需求条件都是唯一的，我们不能武断地随意把特定案例中的运输需求弹性值用在其他的运输环境里。这并不是说运输需求弹性的分析没有真正的实用价值，而是说这种弹性分析必须根据研究目的和各种给定的条件非常细致地去进行，否则就达不到预期的分析目的，甚至会得出错误的结论。需求弹性的概念很简单，但需求弹性分析即使在其他产业中也不是轻易就能给出结论的，在运输行业中只不过由于情况比较复杂，因此要求得出结果时更谨慎一些罢了。

此外，当某一条特定运输线的运价水平发生变动，它所影响的可能不只是该线路上的运输量，所有有关的产品供给地都会重新调整自己最合适的运输终到地点，也就是说，所有可能的始发到达地的产品供给曲线和需求曲线都会对新的运输均衡产生影响，因此，在网络上考虑运输需求问题情况十分复杂，因为原来已经存在的特定运输服务组别可能会发生变化，运输距离使运输市场的范围都改变了。我们在运输领域应用一般经济学分析方法的时候应该比较谨慎，要注意运输需求对价格变化的敏感反应，往往不是体现在货运吨数的增减或者运输方式之间的转移上，而是体现在运输距离的远近上。

2. 经济发展水平与产业结构的影响

(1)经济发展水平与货运需求。上文阐述过货运需求属于派生需求，其需求量与经济发展水平息息相关。各个国家的运输需求无论是数量还是质量都有较大差异，皆源自他们的经济发展水平的差异。经济的高速发展使得人们的生活更加富足，从而使得消费观念也发生改变。生活水平越优越，对需求弹性较高的货物的需求越大,恩格尔系数也逐渐下降。故而,产业结构也会因为人们的消费行为不同而产生变化;经济发展促使产业结构产生了变化,就会引发货品类别、运输服务的特征发生相应变化,继而改变货物运输的需求。从经济学理论可知,专业化分工的程度越高,规模经济效益的发展优势越大,生产成本就得到了有效降低。但同时,分工程度越高,运输成本也会随着增加。就比如,企业生产往往以销定产,即以客户需求为前提安排生产任务,这样可以降低存货率、提高产品弹性,但同时就要增加运输成本。即使是区域内的产业结构发生任何变化,都会对这一地区的货运量及分布的形态造成影响,在货运需求分析中,最大的一组运输服务可能要算把一个国家所有的货运吨公里加总在一起了,即把所有不同始发到达地点之间、通过不同运输方式、不同批量和不同品类的货物位移加总的合计。

(2)货运需求的地区不平衡性。我国地大物博,东西部资源分布各异。众所周知,东南部是我国主要的产品加工聚集地,但大量的原料、能源往往集中在中西部,故而不同货物运输的需求层次是源于各区域货物产品的差异性。与此同时,东西部巨大的经济发展水平差异也使得货运需求层次存在区域性的分布不均衡。例如,东部沿海的经济水平远超大西北,人们的消费水平普遍偏高,对货物的生产及需求多样,使得东南沿海的货运需求层次复杂多样,而西部则相对简单很多。

(3)货运消费者对载运工具的选择。货物的批量是由储存和运输等物流环节共同决定的。虽然对于载运工具来说,因为不同的运输工具都有额定的装载量,货物运输中,运输人员会尽量使运输货物达到运输工具要求的装载量,才不会造成成本浪费。但对于货运消费者而言,越高的装载量就意味着货物的存储量越大、需要等待的时间也越长,从而耗费的存储成本也势必越高。就一些价格较高、市场需求变化不稳定的货品而言,较大装载量的载运工具的费用成本及时间成本明显都超出可接受的程度。

(4)不同运输方式的发展。如果把总的货物运输需求拆分到不同运输方式,我们就可以看到比总量略微具体一些的运输需求。在目前的几种主要运输方式中,铁路、公路、水运和管道承担了大部分货物运输。

3. 偏好的影响

(1)发货人对运输企业的要求。运输服务的质量也或多或少地影响了运输需求。但是单就经济计量分析来说,运输服务质量的概念发挥作用还存在一定难度,因为目前没有明确的定义来概括运输质量,同时也难以收集量化的数据分析。各种运输服务都存在自身特征,有些客户比较在意运输的能力强弱,有些客户比较看重运输的速度快慢,另外有些客户会关注运输过程的准点性,最后还有些客户对运输方的服务态度及专业形象最为重视。

若要使质量因素能够真正在运输需求的经济计量分析中起作用,就要能够收集到足够有说服力的数据,使其成为经济计量模型中的一个变量,如可以用运输速度这个指标取代地区生产总值。如果做到了这一点,我们就可以在固定运输速度的情况下分析运价对需求量变化的影响,或在固定运输价格的情况下分析运输速度对运输需求的影响。

(2)自备运输问题。在经济生活中还有一种现象,就是尽管专业受雇运输公司的能力越来越大,服务也不断改善,但还有很多一般的工商企业保留了自备运货车或车队。简言之,这些企业或多或少要把一部分运输能力控制在自己手里,除了必需的内部运输和短途接运,有些还要用于完成中远距离的运输任务。因此,只要专业运输公司的服务尚无法在这些方面超过自备车辆,就算运价可以更低,对运输质量越来越挑剔的客户们还是要自己保留一部分本领。

三、旅客运输需求分析

(一)旅客的交通需求

分析旅客运输需求往往会与运输需要挂钩,一般来说,需要(need)包含需求(demand)。由于需求容易受到个人支付能力或收入水平的因素影响,所以往往需求会使社会资源分配出现偏差,社会资源的分配也会由于个体收入水平的参差产生差距。由此可见,地球上任何一个地区或国家,一些低收入人群,比如老人、残疾人等无独立行为能力者所需要的运输服务往往带有一些特殊性,各个国家便会制定相应的运输政策,同时开发一些低成本的运输方式来满足他们的需求。由于某些地区或国家发展水平较低,经济能力较差,就需要其他国家或外部援助来提供相对应的运输服务,而这些运输服务仅仅靠市场上现有的力量是无法达成的。由此可见,运输服务需要更加具有强制性,这不仅要从内部填充,也要依靠外部力量来达到目的。而这一通过依靠市场之外的力量满足需求的过程也体现出所谓“公益性服务运输”或“普遍服务运输”的基本内涵。

(二)影响客运需求的主要因素

1. 旅客的运价水平

(1)客运需求弹性。旅客的运输成本与价格水平存在较大的关联。众所周知,运输需求与运输价格之间存在一定的关系,假设以此为基本条件,便可以将价格与需求之间的关系呈现为坐标曲线,更加清晰、明确地体现两者之间的关系,从而反映出在不同的价格水平下运输需求量的变化趋势,而这一假设仅仅是在理想状态下所呈现出来的。在现实条件中,客运需求往往受到诸多因素影响,而对价格的定义不仅仅包括顾客所花费的票价成本,运输的安全性、舒适性和便捷性也包括其中。如果仅单一考虑票价价格,那么这种计算方式难以将两者之间的关系精确化。在人为计算过程中,如果仅将价格的定义准确化,假设与需求的关系更加单一,忽略所受到的其他因素影响,那么所得出来的结论往往与期望成果相差甚远。

(2)客运需求弹性的影响因素。与货运需求弹性的计算结果类似,客运需求弹性也因计算者、计算目的、使用数据来源、计算期间和分析范围的不同而差异很大。运输需求弹性的计算如果过于笼统,它与特定和现实的运输需求特性就会背离较大。

2. 旅客的收入水平

人们的收入水平与交通需求之间有一定联系。受时间成本的影响,人们在出行的次数和时间方面变化往往较小,且出行时间和次数相对稳定。假如人们的外出旅行次数增加,那么工作出行次数则会下降。在交通工具选择方面上,如果选择公交车或铁路出行,那么会导致步行或骑行出行的次数相对减少。在以此结论为研究基础的结果中总结出:收入水平与出行时间和次数成正比,也就意味着收入越高,出行的时间和次数也会增加,这一结论也为运输成为经济学中的优质品奠定了基础。但是从细节方面来看,如果人们的收入水平上升,那么,在选择交通方式上则会更加倾向于自驾，对公共交通的选择则会降低，导致小汽车的需求数量增加，对公交车的需求下降。

3. 旅客的出行偏好

人们在选择出行交通方式时会受到个人喜好因素的影响。每个人的收入水平和空闲时间不同，又由于自驾汽车出行所带来的自由性和便捷性更强，大多数人更加倾向选择自驾出行，而且一旦长时间保有自驾出行的习惯，之后则很难再改变这种固有的交通通勤模式，尽管人们在收入水平上存在一定的差距，但是仍然受到个人喜好偏向影响，这便导致了出行行为的多样性。由此可见，旅客的出行偏好对一个城市的交通运输规划与布局有着重要的影响。对于中国人的出行而言，有一种独特的路径依赖现象——春节时哪怕千辛万苦也要回家过年。回家过年的观念已历经千年而深入人心，这也直接导致了令中国客运交通行业最为头疼的问题——春运。

路径依赖（path dependence）类似于物理学中的“惯性”，一旦进入某一路径（无论是“好”的还是“坏”的）就可能对这种路径产生依赖。某一路径的既定方向会在以后发展中得到自我强化。人们过去做出的选择决定了他们现在及未来可能的选择，而这些选择一旦进入锁定状态，想要脱身就会变得十分困难。

（三）旅客运输中私人交通的分析

（1）小汽车需求的影响因素。私人交通工具的拥有和使用在旅客运输中起着非常重要的作用，私人交通需求与私人交通工具的拥有量以及这些私人交通工具的行驶距离（使用量）有密切关系。而影响社会上小汽车存量的另一个因素是小汽车的使用寿命。小汽车的报废是一种经济性的决策，它受新车（使用中汽车的替代品）价格和燃油与汽车修理（使用中汽车的互补品）价格或收费的影响。此外，在经济衰退时期，人们会推迟使用中汽车的报废和新车的购买，因此在这种时期道路上汽车的平均车龄就比较长，而在经济繁荣时期道路上汽车的平均车龄就会相对较短。当小汽车价格的上涨快于通货膨胀率上涨时，汽车的使用寿命当然也会长些。小汽车之间的区别除了它们的使用期长短不同，还包括车子的大小和特性。轿车品类的繁多使得人们有可能根据经济形势的变化，在不改变车辆拥有总数的情况下,通过改变使用的车型去调整和适应。例如,当油价发生变化时,人们的反应不是多买车或少买车,而是选择买大车还是买小车。有些人家拥有不止一部汽车,因此当油价出现升降,他们就会很自然地决定多开小车或多开大车。与小汽车有关的最大开支是购买和拥有车辆的成本,而不是驾驶车辆的费用。

对于中国人而言,还有一个影响小汽车购买的重要因素——面子。要不要买车、买多大的车、买什么品牌的车、什么时候买车,这些都或多或少地与“面子工程”有关,而不仅仅考虑自身的出行需要。例如,每年春节前夕,我国很多城市小汽车的销售都会出现一个小高峰。其实也不难理解:拿着新发的奖金,带着积累了很久的存款,买辆新车在春节期间走亲访友,无疑是节前最喜庆的消费方式。

(2)私人交通的分析方法。需要注意地是,私人交通与其他交通方式存在较大的差异,因此无法用简单的市场价格来对其进行定义。很多研究学者为了研究有关私人交通需求变量的课题,便在单位成本与需求量之间建立关联,也就意味着将价格与需求之间的研究类比为私人支付成本与需求之间的讨论,由此来分析私人交通需求与单位成本之间的关系。但是私人交通受到诸多因素影响,不能简单地与价格相互替代,其中个人小客车的维修成本、燃油成本以及其他相关费用支出都包含在价格的定义范围内,进而对私人交通需求产生较大的影响,只是影响程度比对小客车需求量较低。与此同时,学界产生了不同的声音,有的学者认为两者之间可以相互替代,也有人反对直接将成本和需求挂钩研究,而是应该与供给关联。其实,每一个国家的经济情况、城市发展、交通结构与布局、收入水平和交通设施等都有着天壤之别,私人交通极易受到这些因素的影响,不能简单地将其他国家的分析结论照本宣科,一概而论,还需要结合本土特色加以研究。

第二节 运输供给分析

一、运输供给的认知

(一)供给的基本内容

供给(supply)指的是特定市场上在一定时期内,当其他条件不变时,在某一价格下,生产者愿意且能供应的商品或服务的数量。供给的大小通常用供给量来描述,而供给是指在不同价格水平时的不同供给量的总称。在不同价格下,供给量会不同。因此,在其他条件相同时,一种物品的市场价格与该物品的供给量之间存在着一定的关系。这种关系若以图形来表示,便称为供给曲线(supply curve)。

供给曲线也有着一种明显的特征,即当一种商品的价格上升时(同时保持其他条件不变),生产者便会趋向于生产更多的数量,在图上这表现为供给曲线向上倾斜。供给曲线向上倾斜的重要原因之一是"边际收益递减规律"。边际收益递减规律又称"边际产量递减规律",指在技术水平不变的条件下,增加某种生产要素的投入,当该生产要素投入数量增加到一定程度以后,增加一单位该要素所带来的产量增加量是递减的。

供给曲线表现的是价格这一单一因素变动时"供给量"的变动,当物品价格之外的其他因素发生变动而引起供给数量发生变动时,我们称之为"供给的变动"。从供给曲线看:在市场的每一价格水平,当供给的数量都增加(或减少)时,我们就说供给增加(或减少)。例如,当公路客运的价格发生变动时,供给者当然也改变客运服务的供给量,但这时供给和供给曲线并没有发生变动。但如果引进了节约成本的计算机化的设计和生产方法,则会降低客车生产的成本;如果政府削减公路客运附加费,那么,公路客运的供给成本就会降低……这些因素中的每一个都会提高在每一价格水平上公路客运的供给。

(二)运输供给的基本内容

运输供给(transport supply)是指运输生产者在某一时刻,在各种可能的运输价格水平上,愿意并能够提供的各种运输产品的数量。与一般商品的供给相比,运输供给的特点在于其涵盖的范围很广:运输供给包括了运输基础设施的供给、载运工具的供给以及它们共同提供的运输服务供给。运输供给在市场上的实现要同时具备两个条件:一是运输供给者有出售运输服务的愿望;二是运输供给者有提供运输服务的能力。

二、运输供给的特性

(一)不可储存性

运输市场以提供运输服务为基础,它所运作的原理是为消费者提供所需的运输服务,并不是提供实打实的消费物品。通过运输过程将旅客和货物在空间上进行转移。与农业和工业不同的是,运输业仅仅改变的是运输对象的存在状态,并以时间和空间为基本条件进行距离移动,由此体现出“位移”的基本内涵,但位移并不是任何抽象的笼统的位移或运输,而是有具体条件的,包括目的地、时间等要求和规定的场所变动,它的数量和质量都要受到用户的检验。运输服务的供给过程和运输服务的消费过程融合在一起,二者不可从时空上进行分离。同时运输服务又具有矢量的特征,不同的起始点和目的地之间的运输形成了不同的运输产品,它们之间不能相互替代,即使是相同起始点和目的地之间的运输存在运输方向的问题。所以,运输市场在满足客户需求方面存在较大的难度,运输服务只能通过丰富运输方式,提高运输效率,节省时间成本来吸引客户,增强需求,增加黏度,而在整个过程中,因运输市场会受到运输业不可存储性的影响,给整个运输市场都带来了极大的挑战。

(二)分散性

运输市场的分散性使运输市场在空间上不受限制,在位置转移上又具有稳定性，所以运输产品的场地更加丰富多样。不同的运输产品会与相适应的运输路线相匹配。在客运市场中，主要运输场地集中在飞机场、公共汽车站等；而在货运市场中，则集中在海港码头等地。与之相反的是旅客和货物的运输方式，后者的目的地更加具体和明确。在运输产品过程中，可以选择不同的运输渠道，提供更加有针对性的运输服务，各家提供运输服务的企业可结合自身的优势，增强竞争力，比如主打节省时间成本，或以提供安全、舒适、卫生的环境闻名，都可在运输市场中占有一席之地。这种竞争不仅有利于促进运输市场快速发展，也有利于不断完善整个市场的运行机制，良性的竞争会大大助力企业共同进步，相互发展，从而使得企业保持良好的合作竞争关系。因此，虽然某些运输线路或结点的流量很大，但从更大的区域范围来看，运输供给仍然是极为分散的，并不存在大系统层面上的一致性。

（三）离散性

运输供给具有一定的不连续性，或称离散性。长期来看，一条双向 4 车道的高速公路，如果由于通行能力不足需要扩容的话，将会直接扩建为双向 6 车道甚至双向 8 车道的高速公路而不存在太多的“中间状态”（如仅增加原有 4 个车道的车道宽度）。又如，如果由于一辆 2 轴的卡车运能不足而需要更换车型的话，车主通常会选择更换 3 轴以上的卡车。2 轴车“升级”到 3 轴车之间便是运输能力的一次飞跃，不存在运能的连续增加过程。短期来看，运输供给的离散性可能更为明显。例如，5 个成年人打车，通常一辆出租车无法提供超过 4 个成人的运输服务，因此还需要另一辆（也能乘坐 4 个人的）出租车来提供服务，尽管这看似很不经济。从运输服务质量的角度来看，也存在着离散性。例如普通飞机上的座位分为商务舱和经济舱两类，对于一位既嫌商务舱的条件太优越（当然，他/她真正反感的是商务舱的高票价）又嫌经济舱太简陋的旅客来说，航空公司并不能提供介于商务舱和经济舱之间的“折中”服务。综上所述，运输供给的离散性导致了运输供给与运输需求有时难以完全吻合，或者说，运输供给者有时无法恰到好处地提供消费者所需的运输服务。

（四）部分可替代性

随着科技的发展，现代交通的运输方式也越来越丰富，从传统的水陆空逐渐衍生出管道运输等其他方式，因此运输提供方的数量更是呈增长态势。由于这些运输方式及运输提供方均可为同一客户提供服务，存在较大的可替代性，便导致整个运输市场的竞争力越来越大。但与此同时，由于各个运输方式所花费的时间存在一定差异，运输对象会根据所运产品的特性作出选择，完全替代也并不是十分可行，不同的运输产品往往具有较为独特的运输条件，因此也给运输供给方带来了极大的挑战。不同的运输方式会受到时间成本、经济成本、发展速度以及经济特征等因素的影响，这给运输方式的相互替代造成一定的局限性。例如，旅客会对花费的旅游成本、提供的服务水平、舒适程度着重考量；对于货物运输来说，货物的安全性、运输效率、时间成本则是重要考量的因素，所以各种运输方式之间的竞争，会根据不同的运输对象产生较大的差异，在某些功能和时间上可替代关系的强弱性也会受到诸多因素的影响，这既不是协同关系，也不是竞争关系，但是在综合运输系统中，则又会呈现竞争性和协同性，这就是部分可替代性所呈现的基本原理。此外，运输服务的消费者通常还拥有其他的选择权力，决定是否改变他们的生产方式和生产地点（针对货物运输）或者改变他们的居住、工作地点和消费方式（针对客运方式），所以运输本身也是在与不同形式的人类活动进行竞争。

（五）范围性

铁路、公路、航空等很多运输方式的特征之一是资本密集度高，造成运输业单位产值占用资金的数量明显高于其他生产和服务部门。资本密集度高，往往意味着运输方式所需的价格成本更高，而其中所含有的固定支出则比变动支出占比更大，所以在短期内，很多运输方式的成本调整幅度较小，变化曲线较为平稳。与那些变化幅度较大的其他行业相较而言，运输成本曲线呈现的变化态势并不显眼，在短期内支出成本较低时，平均成本的变化量则随之呈正比。随着变化曲线的幅度减小，平均成本的变化量也会降低。对运输市场上的提供方而言，想要花费最低成本收获最大收益，则需要计算出最佳供给量，但往往会发现，最后所得的计算结果与非最佳供给量相差较小。而且，运输供给者还可以通过运输服务质量的下降从一定程度上抵消成本变动的不利影响。因此，“有效供给”对运输生产者来讲就有一个较大的范围，换言之，其经济运能是一个较大的范围。

(六)规模经济性

运输业的规模经济和范围经济与其它一般行业存在较大的差异。一般情况下,其他工商业的规模经济与范围经济两者相互独立,但运输业则与之相反。运输多产品行业的特性使规模经济和范围经济相互影响,交叉渗透,共同促成了现今的网络模式。在运输市场中,运输业的规模经济是指运输业总输出数量不断增加,而平均运输成本持续下降,两者则呈现相反趋势。规模经济的定义较为笼统,极易受到其他因素影响。而范围经济则是指共同生产多种运输产品的平均成本,比分别生产每一种运输产品所花费的成本更低。范围经济的概念不仅可以描述企业的运行情况,也可以用于描述运输网络线路、载具车辆等。两者相互影响,相互渗透,久而久之,便共同形成如今错综复杂的运输网络。

三、影响运输供给的主要因素

第一,运输价格。运输服务的价格(简称运价)是影响运输供给的最重要的因素。在其他因素不变的情况下,商品价格与供给量呈同增同减的变动关系。但由于运输业的商品价格在许多运输对象和运输范围内受到政府的严格管制,使得对于运输供给弹性的实证分析变得较为复杂。影响供给弹性的因素主要有以下方面:①运输成本。运输业提供一定运量所要求的运价,取决于运输成本。如果成本随运量变化而变化的幅度大,则供给曲线比较陡,因而供给就缺乏弹性;反之则富于弹性。②调整产量的难易程度 & 一般来说,能够根据价格的变动灵活调整产品产量的产业,其供给的价格弹性就大;反之,难于调整的,其供给弹性就小。③考查时间的长短。时间因素对于供给弹性来说,比对需求弹性可能更为重要。时间越长,供给就越有弹性;时间越短,供给就越缺乏弹性。

第二,运输成本。运输成本才是运输供给的决定因素,因为运输供给者是出于利益才提供运输服务的。当运输服务成本比运输市场价格低时,那么运输供给者才会从运输服务中获取相应的利润;当运输服务成本高于运输市场价格时,那么运输供给者就无利可图,于是就会选择其他行业。不少因素都会对运输成本产生影响,但其中最关键的因素除了技术,还有投入品价格。既定的运输成本会因为投入品价格而发生改变。另一个同样重要的决定因素是技术进步,即降低提供同样运输服务所需的投入品数量。这种进步除了有生产流程的更新,还有科技的进步。

第三,相关物品或服务的价格。运输供给曲线不仅会受到运输成本的影响,物品价格也会对运输供给曲线产生影响。例如,汽车公司不会只生产一种汽车,他们会生产各种各样的汽车,当一种汽车有了更大的需求时就会有更高的价格,于是汽车公司就会占用其他生产其他车型的生产线线生产这种汽车,这样就会减少其他汽车的供给。若是卡车有了更高的需求和价格,那么公司就会加大卡车的生产量,减少对轿车的供给。

第四,特殊因素。特殊因素同样会对运输供给产生影响,例如,航空以及公路运输会在很大程度上受到气候条件的影响。此外,运输供给也会被政府的决策以及市场的发展趋势所影响。如果运输企业对未来的经济持乐观态度,则会增加供给;如果企业对未来的经济持悲观态度,则可能减少供给。

第三节　运输供需平衡

"在现实发生的各种运输活动中,运输供给与需求双方各自都有支撑交易发生的理由,从最普遍的准则来看,各自都有利可图。①"

一、运输市场供需均衡的变动机制

运输市场的均衡指的是出现在市场上的各种力量发生冲突和矛盾,而供给与需求会在这个过程中逐渐趋于平衡,但平衡只是暂时的。

均衡分析指的是在对比运输的供需之后考察市场的规律和状态。均衡分析有两种,一种是局部均衡分析,即假设其他条件不发生任何变化,对运输工具或货物

① 吴群琪.运输需求经济分析[J].交通运输工程学报,2001,1(2):116.

的供需是怎样实现均衡的作出分析；另一种是一般均衡分析，即假设总的供需与运价对全部的运输工具和货物产生了影响，对总供给与总需求是如何实现均衡的作出分析。

运输市场行为不仅取决于供给，还取决于需求，二者之间会出现平衡和不平衡两种状态，但平衡只是暂时的，不平衡才是常态。不过市场可以通过市场运行机制进行自我调节。供给与需求会在市场调节的过程中产生有规律的运动，进而达到均衡的状态，这就是市场均衡。均衡指的就是运输的需求和供给实现了统一。均衡价格指的是运输的供需价格实现了统一，均衡供需量指的是运输的供需量达到了统一，在明确均衡价格之后，均衡供求量也不会再发生改变。

运输市场的供给与需求在经过自发调节之后就会产生均衡运价。当市场运价无法与均衡运价达到统一时，供需曲线不会发生改变，市场的均衡点也不会发生改变，于是运价会在市场供需的作用下达到均衡。但若是有新的干扰因素出现就会改变现有的均衡价格。这就是市场的供需均衡机制，而只有运输市场出现竞争，才会出现这种均衡。

在出现均衡之后，不同的力量会逐渐会产生变化，于是现有的均衡就会被新的均衡所替代。站在长远的角度来说，运输市场旧的均衡被新的均衡代替之后就会推动供给与需求的发展。均衡并不是常态，不均衡才是永远的。供需条件的改变会引起供需曲线的变化，最终影响的是均衡状态的变化。

均衡运量会随着供需的增加而增加，而供需增加的幅度则会影响均衡价格。从增加幅度看，若是需求比供给大，那么均衡价格就会呈上升趋势；若是需求比供给小，那么均衡价格就会呈下降趋势；若是二者相等，那么均衡价格就不会发生变化。用同样的方法可分析在需求与供给的其他变化情形时，均衡价格的变化情况。

以上不仅对均衡运价与均衡运量进行了分析，还分析了供需状况对均衡量的影响，但并没有分析新的均衡点是如何取代旧的均衡点的，所以将上述分析法称作是静态均衡分析法。

二、运输市场需求均衡的运行机制

运输市场需求均衡的运行机制指的是自身的形成和变化。一般来说，当供求条件不发生变化时,市场是均衡且稳定的。尽管常会出现不均衡的现象,但运价与供求的不断调整可以让市场恢复稳定且均衡的状态。

站在长远的角度看,世界经济的快速增长以及国际贸易的不断发展一定会增加航运需求;科技与造船工业的进步也会加大供给,改变供给与需求的条件,这就意味着要让供求发生新的矛盾,放弃现有的均衡状态。运价会随着供求矛盾的出现而发生波动,而这种波动会让市场重新达到均衡状态。运输市场的均衡状态在供给、需求以及运价的共同作用和影响下不断地被打破,然后形成新的均衡,而且这种状态会循环往复。上述市场机制就是通过运价来调节的。

三、运输市场供需均衡与短缺

运输市场供需均衡调整着运输系统内外部的关系,在完全自由竞争的市场经济中,在供求条件不变的情况下,市场处于一定的稳定均衡状态。虽然失去均衡是经常的、大量出现的,但是通过运价与供需的相互冲突、调整等作用,能够不断地恢复和维持均衡。当种种因素变化导致需求与供给发生变化时,旧的均衡被打破,随着运价的波动,将会推动市场走向新的均衡。因此,从长期发展来看,市场均衡是暂时的、相对的,不均衡却是绝对的。在市场经济的运输市场上,供需均衡的变动过程时常出现。但对于存在一定计划经济的运输市场来说,供需均衡的变动过程较少出现,因为政府对某些运输服务规定法定价格,这种价格或者高于或者低于均衡价格,从而不会出现因价格变动而带来的供需状态变化。尤其是在运输业发展滞后于经济发展的国家或地区,更多出现的则是运输的短缺。需求与供给之间若是出现差异就会出现短缺,指的是需求得不到满足,下降的质量以及不足的数量都是短缺带来的结果。这种短缺现象常见于我国运输市场。

短缺会给供给带来约束,同时阻碍经济的发展。运输短缺意味着不少地区缺乏物资补给,自己的产品无法走向市场,进而造成一定的经济损失。此外,运输短缺还会给运输业内部带来影响,运输需求的改变会让运输方式发生变化,从而引起整个运输格局的改变。

第三章　现代运输价格与市场分析

第一节　运输价格及形成

一、运输价格的认知

(一)运输价格的职能

(1)资源分配职能。在市场中,消费者根据价格决定各种商品和服务的消费量。因此,各种商品和服务的供给量也间接地由价格决定,各生产设施的利用程度也取决于价格。所以价格具有决定把社会能够利用的稀缺资源(劳动、资本、经营能力等)分配给什么产品、分配给多少,由哪个生产者或哪个生产设施生产,为了哪部分消费者而生产等资源分配职能。价格的这个职能,不仅对现有生产设施下的短期资源分配起作用,而且也波及长期资源分配,高价格、高利润的部门吸引投资,从而使得对现有消费或其他部门(设施)所投入的资源减少。

(2)分配收入的职能。通过价格,生产者要补偿生产中所付出的成本。当价格低于成本时,生产者就会发生亏损,这个亏损如果由其他产品销售的利益或政府补助补偿的话,就意味着其他产品的消费者及一般纳税者实质上与该产品的消费者重新分配收入(铁路的全国统一价格就是一个例子)。某产品消费者整体支付的金额正好补偿生产者的费用时,如果各个消费者所支付的价格不同的话,这样的差别价格也具有重新分配收入的职能,即由支付高价格的消费者对只付低价格的消费者进行补偿(如普通运价和折扣运价)。

(3)刺激经济效益。通常情况下,为了使劳动生产率的职能有所提高,会借助运价手段让各个运输企业在技术上作出改良,从而降低投资成本,从而对经济效益产生一定的刺激影响。需要注意的是,价格从来都不是相对稳定的,它只是一个可以作为参考的平均值,并不能代表任何一个企业的实际劳动耗费的真实情况。所以,各个运输企业在运价的制定上以货物类别运价平均值为参考,即使在任何特殊供求的情况下,都不能恶意地涨价或者肆意地打压。

(4)调节供求关系。运价的调节职能即平衡运输供求的职能。

第一,对运输生产者来说,价格的调节职能主要表现在供过于求和供不应求两种情况下。在供过于求的情况下,价格就会有所降低,运输生产者的运价收入也不会得到保障,原本的正常利润也会受到影响,他们有时候为了降低损失一般会采取两种做法,要么把原来的生产规模缩小,要么就直接放弃原来生产的产品,重新寻找一个当时情况下比较稳定的产品进行生产,尽可能地降低自己的损失情况;在供不应求的情况下,他们往往会选择趁热打铁的方式,扩大生产规模,甚至还会去找其他的企业合作,争取利益的快速最大化。但是这两种情况对于运输生产都不是有利的,影响运输行业的稳定发展。此时可以利用运价平衡运输供求关系,尽可能地在部门之间和各种运输方式上不发生资金转移的情况。

第二,价格的调节职能对运输需求者来说,表现为:在一定的收入条件下,由于运价的变动,消费者会不断地对运输需求的结构作出新的调整与选择,在某种运输方式的运价提高时,一般而言,需求者对该种方式的需求必然减少,在运价降低时,则需求必然上升。总之,对运输的需求一般是按与运价相反的方向变动的。当然,在供不应求的情况下,即当总的运输能力不足时,即使提高运价,也不一定导致运输需求减少到运输能力以下。在这种情况下,必须增加运力,才能满足对运输的需求。

在社会经济快速发展的今天,每个商品的价格高低都和运价的高低有着一定的关系,运价已经成为影响国民经济发展中的主要元素之一。所以,各个国家为了保障国民经济的稳定发展,都会相应地管控各类产品的运输价格,防止因运价的不合理而发生国民经济动荡的情况。也就是说,运价的基本职能在实际上并不能完全地得到发挥。

在市场经济下，为尽可能充分发挥运输价格的职能，可采取的做法是：运输生产者可以先对运输市场的情况进行了解，如果供求关系不平衡，就要发挥价格的调节职能，在价格上采取一定的手段，帮助不平衡的供求向平衡发生转变，起到调节平衡的作用。所以政府也不能把运输价格全部掌控在手中，对于企业也要适当地放权，让他们能可以处理一些突发情况，对于那些大幅度的变动情况，运输生产者可以向政府反应情况，然后政府再根据情况进行研究再给出批示结果。

(二)运输价格的分类

运输价格可按不同运输对象、不同运输方式以及多种运输方式联合等划分为若干种类。

1. 按不同服务对象划分

运输业的服务对象主要有两类——货物和旅客，因此可分为货物运输价格和旅客运输价格两大类。

(1)货物运输价格。货物运输价格可按其适用范围、管理方式、货物种类及其批量大小等进行不同的划分。

第一，按货物运输价格的适用范围划分。具体可分为国内货物运输价格和国际货物运输价格两类，各种不同运输方式对此又有不同的规定。以水路货物运输价格为例，国内货物运价又区分为交通运输部直属航运企业适用的货物运价和地方水运企业所适用的货物运价；国际货物运价按其适用范围主要有班轮公司运价和双边运价两种。班轮公司运价适用于所属班轮公司船舶的货运价格，我国远洋运输常用的几种运价有中国远洋运输集团第一号运价表、中国运输公司美国航线第 17 号运价表、中国对外贸易公司第三号运价表、华夏 8 号运价表、中波轮船股份公司第 19 号运价表等。双边运价为货方同船方协商制定的货运价格，如《中国对外贸易运输公司第三号运价表》是中国外运公司代表货主同船方商定的，凡经外运公司承办的我国进出口货物，除少数外国班轮公司运输的货物外，均可适用。

第二，按对货物运输价格的管理方式划分。具体可分为国家定价、国家指导价和市场调节价等几种。目前我国对国有铁路货物运输、水路和公路运输中的救灾等货物、航空运输中的公布货物运输等均实行国家定价；交通运输部直属航运企业的计划内货物实行国家指导价;其他均实行市场调节价。

第三,按运输货物种类及其批量大小划分。①以货物不同种类划分,可分为普通货物运价、危险货物运价、冷藏货物运价、集装箱货物运价等。在普通货物运价中,一般又按其不同的运输条件和货物本身价值高低等因素划分若干等级,同时规定了各种货物的整车运价号、零担运价号和集装箱运价号。②以货物批量大小划分,一般将其区分为整批货物运价和零担货物运价两种,并规定零担货物运价价格高于整批货物运价。铁路、公路货物的整批或零担的认定,以一次托运量是否能装满一整车(车辆或车厢)为标准,能装满一整车的为整批货,否则为零担货。

(2)旅客运输价格。旅客运输价格可按其适用范围、管理方式以及旅客在途中占用的舱(座)位的不同而进行不同的划分。其中对适用范围和管理方式的划分与货物运价基本相同,这里不再赘述。下面仅对旅客在途中占用的舱(座)位的不同划分方法作简要说明。铁路、航空运输因旅客舱(座)位等级不同,其运输价格也均有较大差异。

2. 按不同运输方式划分

按不同运输方式,可划分为水路、铁路、公路、航空和管道运输价格等。也可按运输对象不同,区别为货物运输价格和旅客运输价格。下面仅分析不同运输方式的货物运价。

(1)水路货物运输价格。具体又可划分为国际海上货物运价和国内水路货物运价两大类。

第一,国际海上货物运价。①班轮运价(Liner Freight Rate):指以班轮方式承运货物时规定的价格。它包括货物从装运港至目的港的海上运价及货物的装卸费率两部分。②航次租船运价(Voyage Charter Freight Rate):指船舶所有人和承租人在航次租船合同中约定的运输价格。由于租船市场基本上属于自由竞争的市场,因此,航次租船市场基本上是由运输的供求关系决定的,波动性较大。此外,其运价水平的高低还受运输货物的种类、数量的多少、船舶航行的区域和距离长短以及租船合同的其他条款如装卸时间的计算方法、装卸费的分担、运费支付的时间等因素的影响。③油船运价(Tanker Freight Rate):指油船所有人和承租人在航次租船合同中约定的运输价格。与一般航次租船运价不同的是,它通常按照伦敦国际油船费率表协会和纽约油船经纪人及代理人协会共同颁布的《世界油船（基本）费率表》（Worldwide Tanker Nominal Freight Scale）所规定的运价为基础，双方商定一个增减比例记载于租船合同中，作为拟定油船运价。

第二，国内水路货物运价。我国国内水路货物运价按不同航区分别制定。具体划分为沿海航区、长江、黑龙江、珠江水系以及各省（市）内河航区等。各航区以不同货种、不同运输距离各自制定相应范围的货物运价。①里程运价：又称航区运价，适用于同一航区各港口不同货种、不同运距货物的运价。②航线运价：适用于两港口之间的直达货物运价。③联运运价：适用于水陆联运、水水联运等货物运输的运价。

（2）铁路货物运输价格。我国铁路除少数线路外均实行全路统一货物运价，并按不同货种、不同运距分别制定。第一，普通运价。这是运价的基本形式，它适用于整个铁路，是全国铁路统一执行的运价。第二，特定运价。特定运价是运输部门针对特定货物、特定地段、特定季节、特定运输条件给定的价格，它是普通运价的辅助形式。一般情况下，铁路部门中那些运行速度快、设施服务质量优等方面的列车的运价会比一般的普通列车运价要高，也就是人们说的特定运价，当然特殊情况下，运价也会有所下调。第三，浮动运价。运价高低不是一成不变的，例如有些产品只能应季才会有销量，它是随着季节的变化而变化的，运量越大运价肯定越低，运量越小运价就越高。浮动运价情况下就是根据季节以普通运价作为参考调整运价，使其上下浮动。第四，分线运价。主要针对于那些新建或者改造后的铁路来说，同一个目的地，走的线路不同运价也就不同。对于具有特殊意义的线路，如大秦线等，可以根据政策实行不同于统一运价的特殊运价。目前分线运价一般高于统一运价。第五，地方铁路运价。“铁路运价是铁路运输经济效益的核心和关键，涉及政策规定，运价水平，计价方式，与其他运输方式的比价关系等问题。[①]”有些铁路不属于中央铁路管理，具有较强的地方性，这些铁路一般实行与中央铁路不同的运价。

（3）公路货物运输价格。我国公路货物运价由各省（市）行政区分别制定。具体按不同货种、不同运输条件和不同运输距离分别制定。①计程运价。按整车运

① 傅选义. 铁路运输经济的若干问题[J]. 北京交通大学学报（社会科学版），2016(1):5.

输和零担运输分别计算，整车运输以吨千米、零担运输以公斤为单位计价。②公铁联运运价。是铁路和公路通过联合把货物运输到目的地计算出来的运价。③短途运价。主要针对短途路段的货物运输，主要是按照路程的长短和货物的重量来计算，在短途范围内路程越长，货物越轻运价越高，有时候还会按照货物的重量按吨位计算运价。④长途运价。针对的是长途路段的货物运输，路途越远越远价格越高。⑤计时运价。这种运价一般适用在汽车运输货物中，运价按照包车计费时间、车辆的标记吨位、和吨位小时运价率等计算。

(4)航空货物运输价格。航空货物在运价的制定上，首先要看是国内运输还是国际运输，然后再根据货物的重量、种类、是否需要特殊条件等以及选择的运输航线制定价格。

(5)管道货物运输价格。管道货物在人们日常生活中比较常见的就是天然气、煤气、液化气、煤粉、砂状矿物、汽油、柴油等，它的运价制定主要从货物的种类和和管道运输线的选择两方面来计算。

(6)货物联运运价。货物联运运价按货物联运起迄点不同，可分为国内货物联运和国际货物联运两大类。前者指起迄地点均在同一国境内的运输；后者为跨越国境的运输。据此，货物联运运价可相应划分为国内货物联运运价和国际货物联运运价两大类，分别适用相应的运价规章或协议。

(三)运输价格的结构形式

所谓运价的结构形式，是指按货物运输距离的差别制定的运价或按不同运输线路制定的运价。一般将前者称为距离运价或里程运价形式，后者称为线路运价或航线运价形式。

(1)距离运价。距离运价就是按照距离远近制定运价，是最简单的也是最基本的运价结构形式。在人们日常生活中，距离运价的制定有两个相对对比的运价制度，一个是运价与路程成正比的均衡里程运价，一个是运价与路程不成正比的递远递减运价。此处，它们都是对同一种货物而言，均衡里程运价指的是每吨公里运价为不变值，运输距离增加，运价也跟着固定增加。递远递减运价和均衡里程运价计算方法存在本质上的不同，不是路程越长价格就越高，它们刚好相反，而是路程越长，运价价格相对更划算，货物的运输成本也就越低。递远递减运价被广泛使用于我国水路运输（包括沿海和内河）和铁路运输中。这是由于水路、铁路运输方式在营运中发生的成本与运输距离之间的变化关系与公路相比有较大的差别的缘故。

（2）线路运价。线路运价指按运输线路或航线不同分别确定的货物运价。它被广泛使用于国际海运和航空货物运输中。之所以采用距离运价的形式，主要是因为它能较好地适应运输成本随运输距离变化的规律。但也应该看到距离运价有其不足的一面。其一，单位运输成本的递远递减规律，应以运输条件相同或基本相同作为前提条件，亦即运输具有一定的区域性（故可称为“航区运价”形式），否则距离运价便丧失制定基础。例如，同一艘船舶，在运输条件较差的长江上游行驶200 km的每吨千米成本，可能比在运输条件较好的长江下游行驶100 km的每吨千米成本还要高，并不呈现“递远递减”规律。此时，若将整个长江作为一个航区统一实行距离运价，显然会严重脱离实际。其二，在市场经济条件下，货物运价的形成除运输成本外，还受运输供求关系、各种运输方式的竞争等多种因素的影响。因此，以运输成本为基础的距离运价有时在实际中无法实施。

由于国际海运和航空货物运输线路一般都较长，而每条线路的自然和运输条件千差万别，即使运输距离相同，其发生的运输成本也会有很大差异。例如北大西洋航线与太平洋航线的船舶运输显然不能相提并论。此外，各线路的运输供求关系、竞争状况以及社会、政治环境等各不相同，因此只有按不同线路（或航线）分别确定运价才更符合实际。

综上所述，无论何种运输方式，采用线路运价的形式比较符合运输价格的形成规律。但在实际操作中，由于港、站的密度大，加上货种复杂，为简化运价的制定和运费的计算，目前在我国水路、公路、铁路运输中采用距离运价有其合理性。但对航区或运输区域的划分应予以改进和完善。

二、形成运输价格的因素

第一，运输成本。运输成本是运输生产过程中消耗的活劳动和物化劳动。具体来说，它包括用于支付材料、燃料、动力、固定资产折旧、固定资产修理、工资、管理等方面的费用。运价的制定要以运输价值为基础，而运输价值主要包括三方面内容:①运输生产过程中消耗的生产资料转移价值 C;②劳动者活劳动消耗中为满足个人生活需要、以工资等形式分配给劳动者所创造的价值 V;③向国家上缴的税金和向投资者分配的利润等新创造的价值 M。以上前两部分 C+V 构成产品成本,它是运输价值主要组成部分,因此,它是制定运价的主要依据,同时也是运价制定的最低界限。

第二,运输供求关系。运输市场是由需求方和供给方共同组成的,运输价格也是由供求双方共同决定的,要想长久地达到一种平衡关系,那么就需要根据供求双方的需求进行调节,尽可能地让运输供给数量一直处在一个合理的范围内,避免因为供求数量的大浮动变动对供求平衡产生影响。

第三,运输市场结构模式。按照市场竞争程度的强弱,从低到高进行排列,运输市场结构排在第一的是完全竞争运输市场,它不发生任何垄断行为,运输价格只能遵守,不管是货主还是运输企业,都不能作出价格上的变动;第二是垄断竞争运输市场,它是有垄断行为的,但垄断程度较低;第三是寡头垄断运输市场,是生活中较为常见的垄断模式;第三是完全垄断运输市场,它的垄断程度最高,不给其他任何企业机会。而且完全垄断运输市场除了我国的铁路运输之外,再无其他,国家对铁路货物的运输直接拥有价格上的决定权。故铁路运输市场具有垄断运输市场的性质。然而,我国对铁路运输货物实行的所谓“垄断价格”,其出发点并不是获得高额利润,而主要是根据运输成本、运输供求关系、国家经济政策等因素定价,故同一般定义上的以获取最大利润为目的的“垄断价格”有很大区别。垄断竞争运输市场主要的目的是让运输市场不管是在短期还是长期都能均衡发展。在我国运输方面,较为常见运输垄断主要有公路运输、国际运输、沿海运输等,这些都是由国家经营的。最后一种是寡头垄断运输市场,它是介于完全垄断和垄断竞争中间的运输市场模式,这种模式对市场价格的影响很大,也不会以市场价格作为参照,价格制定的主动权掌握在为数不多的大企业手里,他们经过商议讨论拟定出一个他们满意的价格。像我国的能源行业、通讯行业、军工行业、新闻行业等都是由国家寡头垄断的。

第二节　运输产品的定价

一、运输产品的定价方法

(一)需求导向定价法

需求导向定价法是根据市场需求变化情况来确定运价水平。当市场需求增大时,可以适当提高运价水平;反之,当市场需求减少时,可以适当降低运价水平。需求导向定价法是较为灵活的定价方法,它可以使运输企业通过调整运价,及时适应运输市场的发展变化。

(1)认知价值定价法。所谓的认知价值定价法就是企业根据购买者对产品的认知价值来制定价格的方法。企业需要准确地计算市场的商品认知价值,不能没有根据地去估计,导致认知价值产生太大的偏差。所以需要进行市场调研,以便形成指导有效定价的市场认知价值。

(2)需求差异定价法。在消费者需求中存在着需求的个体差异性,这跟消费者所处的生活环境有很大的关系,各方面环境的不同直接导致不同的个体需求差异。哪怕是家庭情况基本相同的消费者,也不一定对同一个产品或者服务产生同样的需求,他们往往会受到民族信仰、生活习惯、性别等方面的约束,不会有很强的购买欲望,甚至有时候都不会产生购买行为。例如牛羊肉的购买,回民的购买欲往往大于其他民族。需求差异定价法是指企业按照两种或两种以上不反映成本费用的比例差异价格销售某种产品或者服务。同一产品的价格差异并不是因为产品成本的不同引起的,而主要是由于消费者需求的差异决定的。

(二)竞争导向定价法

有市场就有竞争,运输市场同样如此。运输企业在制定运价时,适应竞争的需要是要考虑的重要因素之一。随着运输市场的不断发育和完善,运价的竞争将会愈来愈明显,当然,这种竞争应当在政府的有效管制之下。

(1)随行就市定价法。随行就市定价是一种较为稳妥的定价法,也是竞争导向定价方法中最为流行的方法,企业根据市场竞争价格格局,一般采用行业领导者价格或行业平均价格。采用哪种方法,应根据企业产品的特征和产品的市场差异性而定。

(2)倾销定价法。这种定价法风险比较大,所以使用的时间也就比较短,主要目的是为了快速占领市场。通常用在跨国际市场的占领上,对于原本的国家市场是一次冲击与考验。当后来的企业占领他国的市场后,企业就不再按照刚开始的价格继续销售商品,开始在价格上回涨,但此时消费者也没有选择的权利,只能购买这个企业的商品,从而使得企业获得更大的利益,那么之前的损失也就很快弥补回来。但是这种方法一般情况下是不合法的,如果是恶意和对手竞争,商品就会被没收并且企业会支付巨额的罚款,因此不建议使用。

(3)投标定价法。投标定价法是由买方公开招标,卖方竞争投标,一次性密封定价,到期当众开标的定价方法。这种定价法通常用于政府的大宗采购、建筑工程项目、大型设备制造方面,在投标过程中,卖方不会低于自己的成本报价,但由于担心因为失去订单也不会过高定价,因而通常以成本加上一个合理的期望利润作出报价。买方会把所有卖方所给出的条件进行对比,从而选择自己最满意的卖方,从而签约形成合作关系。

(三)成本导向定价法

成本导向定价法以运输成本为基础的定价方法。运输成本是运输价值的近似反映,以运输成本为基础定价,可以使运输企业在补偿运输成本后仍有盈利。

(1)单位成本加成定价法。这种方法是以单位成本为基础,加成一定比例的定价方法。它以单位运输成本为低限,加上一定比例的盈利,即为相应的运价水平。其中,加成率即为预期利润占运输成本的百分比。

(2)长期变动成本加成定价法。这种方法以长期变动成本为低限,以长期变动成本加上一定比例为高限来定价。成本加成定价法具有计算简单、简便易行的特点,在正常情况下,按此方法定价可以使企业获取预期利润。

(3)边际贡献定价法。边际贡献定价法是以变动成本为基础的一种定价方法。边际贡献指每增加一单位运量对企业所作的贡献,它等于每增加一单位运量所增加的营业收入(边际收益或单价)与单位变动成本(边际成本)之差。这种定价方法说明价格实现的营业收入必须超过变动成本,即边际贡献必须大于零。超过的部分是对企业的贡献(边际贡献)。这一贡献首先用来补偿固定成本,补偿完全部固定成本以后的贡献才是企业的真正盈利。如果这一边际贡献不能完全补偿固定成本,就会出现一定程度的亏损。采用边际贡献方法进行定价的优点是定价灵活性较大,不受固定成本的限制,适用于竞争激烈的环境。当市场价格或买方出价低于企业产品的总成本而产品又无其他销路时,如果企业还坚持按单位总成本定价,产品就卖不出去;而在停产时,固定成本依旧支出,企业亏损更为严重。按照边际贡献定价,只要产品销售所获得的的金额支付完原材料、电力消耗费用、工人工资等费用后仍有利润,那么就可以把这部分利润用于企业的固定费用里。如此一来,企业的亏损情况会得到缓解,企业生存的危机也会有所减小,给企业扭转乾坤赚取了更长的缓冲恢复时间。

(4)盈亏平衡定价法。所谓盈亏平衡,就是指企业生产某种产品所获得的销售收入恰好能够弥补其为生产和提供该产品所支付的全部成本,即总收入等于总成本。能够使盈亏平衡的运量称为盈亏平衡运量,而能使盈亏平衡的价格则称为盈亏平衡价格。但是,企业从事生产的目的并不仅仅是为了保持盈亏平衡,而总是希望在盈亏平衡的基础上能获得一定数量的利润。

二、运输产品的定价策略

第一,新产品在运输上的定价策略。在新产品的运输问题上,运输企业会根据产品的类别和重量以及需要注意的情况进行衡量,看自己原有的运输服务是否适合新产品的运输,如果不适合,那么就会根据新产品的特性提供新的运输工具或者个其他的运输工具合作完成运输服务,如果运输服务较为复杂,那么运价就会相对比较高,这样一来,新产品的定价也就会有所提升,有可能会对新产品的销售产生影响。

第二,心理定价策略。现在很多商家对消费者使用心理战术,利用顾客心理有意识地将产品价格定高一些或者定低一些,以刺激用户大量购买,常见的心理定价策略有声望定价、招徕定价和尾数定价。

第三,折扣和让利策略。这是人们生活中最为常见的策略,企业为了快速回笼资金,清理库存,从而进行打折或者让价销售,刺激消费者的购买需求,生活中较为常见的就是衣服反季节处理、买一送一,等等。

第四,差别定价策略。企业用两种或者多种价格销售一个产品或者一项服务,哪怕价格差异并不是以成本差异为基础得出的。而且价格上的差异只能由企业来控制,不但可以满足不同性质群体顾客的需求,还可以为企业谋取更多的利益。

第五,价格调整策略。市场环境复杂多变,运价的调整有时候来自于内部原因,有时候来自于外部原因,而这些变化都会对原本的运价产生影响,所以运输生产者需要根据市场情况对于运价及时作出调整。

第三节　运输市场类型与结构

市场(market)看上去只是一群杂乱无章的卖者和买者,但却总是有适量的产品被生产出来运送到合适的地点。这似乎是一个奇迹,然而,市场体系既不是混乱也不是奇迹,它是一个具有自身内在逻辑的体系。在市场中,是价格在协调生产者和消费者的决策。

运输市场(transportation market)有广义和狭义之分。从狭义上来说,运输市场是将吨位或客位的场所提供给货物和旅客,帮助他们完成空间位移,这个场所以运输交易作为主要内容,交易主体包括作为运输供给方的运输业者、运输代理者、作为运输需求方的旅客和货主。从广义上来说,是运输活动各个主体通过运输交易所获得的经济关系和经济活动的总和,具体来说,主要包括三方面的含义:一是包括调节和管理运输市场、运输市场结构的构成、企业经营运输市场的情况、运输市场机制等;二是包括将各种吨位和客位场所提供给运输代理机构和运输营业场地;三是包括存在运输能力供给和运输需求之间、运输部门和其他部门之间、运输产品的生产者和消费者之间的经济关系。

当然,运输市场是一个相当复杂的概念,运输经济分析应该避免比较笼统地谈论一般的所谓运输市场,例如“铁路运输市场”“公路运输市场”“某两地之间的运输市场”“西南地区运输市场”或“城市运输市场”等,而是更加注意根据所提出的具体问题,区别各种基于特定运输对象(不同种类的货物或旅客)、有特定运输目的和特定始发和到达地点的运输服务,并根据可搜集到的可靠数据资料进行分析。

一、运输市场的一般类型

按照不同的标准,运输市场可以有多种分类方式。

(一)运输市场中的完全竞争市场

完全竞争市场是理想状态中的市场,基于这样的市场环境,许多小规模的企业能够在市场中自由进出,每个企业都可以生产相同的产品,由于这些企业具有太小的规模使得它们对市场的价格无法产生影响;而且市场中开展的交易活动完全自由,没有受到任何人为因素的约束,市场中包括企业和消费者在内的所有参与者都处于平等的地位,同时拥有充分的信息。在完全竞争的市场环境中,价格作为“看不见的手”对市场发挥调节作用,政府不对市场进行干预,只在外来入侵的抵御和社会安定的维护方面发挥“守夜人”的作用。我们可以根据企业的边际成本曲线来寻找最佳产量水平:最大利润的产量发生在价格线与边际成本曲线相交的点上。如果企业的产量大于或者小于上述最优产量,企业将不可避免的出现亏损。换个角度讲,在利润最大化的产量上,完全竞争企业得到了零利润这个最好的结果,总收入正好等于总成本。需要注意地是,这里讲的利润是经济利润,包括所有的机会成本(包括劳动和资本的机会成本)。因此,零利润并不意味着白白提供了运输服务。

(二)运输市场中的完全垄断市场

极端的情况是垄断(monopoly):在某个垄断行业中,仅此一家的销售者同时也是生产者,而且其他行业都无法生产垄断行业的替代品。在如今经济全球化的时代,完全垄断的市场十分少见。事实上,人们常常听说的典型垄断案例所涉及的产业都受到政府的极度保护和重视。比如,如果有一种神奇的药品被一家制药企业研发出来,并且获得了相应的专利,那么在很长的时间内该企业将享有垄断药物的权利。垄断的另一个典型案例在于某企业拥有特许经营当地公用事业的权利。如一家自来水公司。尽管如此,即使是一个垄断者,它也必须经常注意那些潜在的竞争者。上面所说的那家制药企业会发现竞争者很可能正在生产类似的药品;数年前还处在垄断地位的电话公司,现在必须考虑移动电话给他们带来的冲击。于是,在长期内,没有一个垄断者能确保自己免受竞争的影响。

(三)运输市场中的寡头垄断市场

寡头(oligopoly)或寡头垄断市场是介于垄断竞争与完全垄断之间的一种比较现实的混合市场,是指少数几个企业控制整个市场的生产和销售的市场结构,这几个企业被称为寡头企业。寡头企业在现实生活中是普遍存在的,如国际上民用航空工业与民用航空运输业已纷纷进入寡头垄断时代,干线飞机市场波音和空中客车两家“楚汉相争”,支线飞机市场加拿大庞巴迪、巴西飞机公司和德国道尼尔“三国鼎立”的格局基本确立。中国国内的航空运输市场基本上被中国航空集团公司、中国东方航空集团公司和中国南方航空集团公司三巨头分割。这些都是典型的寡头市场。寡头的重要特征是每个企业都可以影响市场价格。在航空业,仅仅一家航空公司降低票价的决定,就会引起它的所有竞争者降低票价,引发一场价格竞争。

当寡头能够互相勾结,使其共同利润达到最大时,考虑寡头之间的相互依赖性,寡头就会以垄断者的价格和产量来赢得垄断者的利润。虽然许多寡头会对于获得如此高的利润感到渴望,但在现实生活中,存在许多阻碍他们有效勾结的因素:第一,勾结可能是非法的;第二,企业可能通过对所选择的顾客降低价格以增加其市场份额来“欺骗”协议中的其他成员(在价格保密、产品有差别、企业数目较多或技术变化迅速的市场上,秘密降价的可能性更大);第三,随着国际贸易的不断深入,许多企业不仅要应付国内竞争,还要迎接国外企业的激烈挑战。另外,值得注意的是,垄断虽然是竞争的矛盾对立面,但它的存在并没有消灭竞争,尤其是寡头垄断改变的只是竞争形式,而非竞争本身。

(四)运输市场中的垄断竞争市场

垄断竞争与完全竞争存在相同之处,主要体现在三个方面:买者和卖者都有许多,都能自由在某一产业进入和退出,各个企业都以其他企业制定的价格作为标准。两者之间的差别主要体现在:在完全竞争的市场环境中,不同企业销售相同产品;在垄断竞争市场环境中,不同企业销售不同产品。

差别产品(differentiated products)在重要的特征上表现不同。例如,去商店要花一定的时间,而到达不同的商店所需时间的差异会影响我们的购买决策。用经济语言来说,购买物品的总机会成本(包括时间成本)依赖于我们与商店之间的距离。

产品存在差别意味着每个销售者相对于完全竞争市场来说在某种程度上都有提高或降低价格的自由,即产品的差别使得每个卖者所面临的需求曲线向下倾斜。从短期来看,企业可以通过一定的价格策略使价格高于边际成本,来争取更大的市场份额或更大的利润率。但从长期来看,随着具有新差别产品的企业的进入,这种不完全竞争行业的长期利润率为零。垄断竞争市场的长期均衡,实际上就是生产者自身不断调整规模以适应由于其他生产者的进入或退出而被打破的短期均衡的过程。

垄断竞争天生是低效率的,尽管它的长期利润也是零。垄断竞争会导致过多新产品的出现,而如果消除这些"不必要"的产品差别,就会降低成本从而降低价格。

二、运输市场的结构

产业组织结构和市场结构是经济学研究的重要领域,这方面的学术成果对企业边界的确定、对政府制定明确和有针对性的行业政策、建立合理和有效的管理体制都具有重要理论和实践意义。而作为网络型产业的运输业,其产业组织和市场结构又具有特殊的复杂性,不能不引起运输经济学更多关注。分析运输市场结构的目的,是要了解各种运输方式或企业是否存在规模经济、是否具有市场势力或市场操纵力(market power),能够凭借垄断价格获得超额利润。

（一）实施上下一体化的运输经营者

在所有运输方式中，受到政府严格管制作用的是铁路运输。如果暂时忽视管道运输的特殊情况，铁路运输作为我国国民经济中的重要组成部分，在传统管理体制的基础上，使用上下一体化方式开展经营，并且对这种经营方式享有唯一性。铁路运输和其他运输方式相比，拥有自主决断运费收取的权利，这是因为铁路公司拥有移动的机车车辆、铁路线路等固定的基础设施，为旅客和货物提供运输服务。也正是因为铁路运输拥有这种权利，让它受到更多的制约和管理。

铁路对它的一部分使用者应该是具有市场支配力量的，即它有可能对这些使用者收取高于有效水平的价格，如果铁路运输成本的计算和分摊方法可以做到准确可靠，那么铁路公司是否真的滥用了这种市场力量就可以明确地判断出来。因此，铁路成本分析无论对于铁路使用者还是对于铁路公司都成了至关重要的问题。但运输经济学家恰恰在这个问题上很不自信，原因就是铁路运输成本的计算难度太高，而且计算数据的获取十分困难。

铁路所运输的货物中有一大部分属于本身价格较低的产品，它们承受运价的能力也不强，对运价的变动比较敏感。例如，煤炭就是一种常由铁路运输的货物，由于该产品的市场竞争性很强，加之政府的价格管制，因此煤炭产品的供应商无法自己决定其市场价格而只能是价格的接受者。这样，如果铁路提高对煤炭的运输价格，供应商就可能无法用市场上的收入弥补运价的上涨。这与航空货运的对象多为较高价值货物，运价在货物本身价格中仅占很小比例，因而对运价上涨承受力较高不同，铁路的用户对运价的敏感性更大。一旦铁路运价的上调威胁到铁路用户的利益，他们就会转而求助于管制机构，要求对铁路运价进行限制。但由于铁路运价计算与分摊的复杂性，管制机构也无法判明铁路公司的运价是否真的不合理，而只能大致根据粗略的总体平均或其他类似方法估计，结果这样裁定出来的铁路运价往往既给铁路公司造成损害，也使更多铁路用户深受其苦。

在 20 世纪的最后 10 年，世界上很多国家的铁路开始实行把基础设施与客货运输服务分开进行管理的新模式。这种类型的管理模式在不同国家有不同的具体表现形式：有的把线路等基础设施仍留给国家负责建设和维护，客货运输则采取商业化经营的形式；有些国家又进一步把客货运营进行分割，形成了若干个能够开展一定内部竞争的运营公司；还有些国家甚至对铁路基础设施也采取了商业化经营的改革。因此，铁路行业的组织结构目前已经发生了很大变化，在很多国家已经不再是那种传统意义上下一体化运输经营者的典型了。

要分析铁路是否具有市场操纵力，首先是应该分析在铁路提供运输服务过程中每一位使用者所承担的成本。而我们已经知道，把列车成本分摊到其中的每一节车皮上与把飞机的飞行成本分摊到每一位旅客身上有些类似，也要把使用者成本计算进去。以货运为例，列车上多一节或少一节货车的运营机会成本是不同的，如果多一节货车，列车的牵引能耗就要增加，列车编解所需要的时间也要增加，这后者又很像拥挤成本，要附加到列车内所有其他的货车上。列车越长，由新增车辆所引起的拥挤成本也会越大，这种增加到其他使用者身上的边际拥挤成本理应要由新增的托运人承担。这种由新增车辆所引起的拥挤成本会一直增加，直到开行两列车比继续加长那一列车在经济上更为合理。铁路系统的效率要求每日开行的列车数做到总成本最小，并且托运人的装车数、其引起的机会成本和所收运费之间也必须取得平衡。而当按照拥挤成本收取到的运费不能弥补全部机会成本的情况发生时，互不补贴定价显然是有用的。根据互不补贴定价原理要求，如果从系统中取消某一组使用者而不会引起系统固定成本的减少，那么系统的其余使用者就应该支付这些固定成本。尽管该原理也许不能告诉经营者对具体哪一位托运人应该收取多少费用，但却可以弄清作为一个群体的使用者应该分摊多少列车的运营成本。

铁路线路在大多数场合都是由客货运共用的，线路成本计算的主要工作之一是要把总的线路成本分摊到每一张客票和每一批货运业务上。但由于线路成本的某一部分很少能够直接归结到某位旅客或某批货物上，因此，类似于拥挤收费和互不补贴定价的原理也需要在这里使用。铁路是以列车为单位组织运输的，当一条线路上的列车超过一定数量，就要影响列车的运行速度，在单线铁路上这种情况特别明显。列车途中经常要在中间站等待避让，以便让其他列车通过，而且不但车次越多避让的次数越多，而且车速不一样也会引起拥挤现象加剧，因为有些车不但要避让迎面方向的列车，还要允许同方向的其他列车越行。因此，像道路交通一样，铁路系统中的拥挤现象同样会引起列车运行速度降低。把铁路的单线改造成为复线可以提高列车的通过能力，但复线上也会由于列车数量的增加发生拥挤。单位运营成本在单线和复线上的变化趋势。当线路是客货运共用时，就应该计算增加客运列车对货运列车的影响，反之也是一样；换言之，在拥挤线路上无论是增开客运列车还是增开货运列车，都应该考虑由于它们引起的拥挤成本而增收拥挤费用。但是同样地，拥挤收费往往并不能弥补线路投资和维持运营的全部成本，因此互不补贴定价原理也需要用在铁路线路成本的分摊中。

为了使价格能够做到不出现交叉补贴，就要使使用者或使用者群体做到要支付不少于自身接受服务所引起的机会成本，同时支付的总额又不超过系统单独提供该服务时的成本。例如，通过取消某一部分运输使用者的服务而计算出其应该分摊的成本数额，其中有些使用者去掉以后可以节约很多成本，因此他们就应该承担较高的价格，而另一些使用者被去掉并不会产生很多节约，他们的成本责任也就相应较小。对于客运列车而言，铁路线路的设计与铺设需要更多考虑其高速度和舒适性的要求，因此线路的曲线半径要大些，弯道外侧轨道超高要多些，线路也需要更平整些；而对于货运列车而言，对线路的要求往往是其钢轨的载重能力更大因而需要更坚固，因此钢轨的单位重量要更大些。但由于线路大多是客货运共用的，而且存在着成千上万的使用者，故互不补贴定价所要求的成本分摊依据——成本的可归依性，在线路的具体使用中就很不容易明确，这也造成了互不补贴定价原理在铁路定价实践中的难度。

(二)拥有部分固定设施的运输经营者

有一种需求会随着扩张固定运输设备能力的突变而产生，具体是指，运输企业最好让多种货流或客流同时利用固定运输设施，否则很长时间内设施的利用效率都会降低，除非有一种客流或货流拥有超级大的规模和数量，能够全部实现和大力支持某一个运输通道上的点点直达运输。运输业网络经济存在的基础和前提是，通过多种交通流对固定设施共同利用最终产生的经济性与大型移动载运设备获得的经济性进行有机融合。如果运输企业能够发挥已有运营网络的作用，推动包括多种客流和货流在内的多个运输市场实现更好的融合，则它的成本比那些只将点点直达服务提供给旅客和货物的运输企业更低，从而获得更高的经济效益。一般来说，运输企业拥有较大的运营网络和较强的处理中转枢纽的能力便能够为客户提供较高频率的服务，推动运输设备实载率的提升，这也是运输企业利用低成本的运输经营获得高效益的关键因素。所以，这一类运输经营者能够利用好运输业范围经济和规模经济，将两种因素的作用和价值充分发挥出来，比如，通过将服务网络的幅员和范围进一步扩大，让企业的设备利用率和运输密度显著提升。

又如，公路零担货运与大多数航空公司很相似，也提供定期服务，一般是地区性的业务保证第二天送到，长途货物则保证隔日或三天内送到。为了提供这种定期服务，零担运输公司显然每天都必须派出足够的车辆上路，而不论在任何一条线路上是否满载显然，对于业务量较大的零担运输公司，车辆的实载率就会较高，运营成本就可能较低，它们甚至有能力把服务延伸到比较偏远的地区，以便为自己的经营网络收集到更多的货源；而对于较小规模的公司，它们在较低车辆实载率的地区维持经营就很困难。零担货运公司之间这种基于运营网络经济性的竞争，使得小型公司较难生存。例如，美国在1980年代实施放松管制以后，由于小公司所受到的保护被取消，结果很快出现了以兼并为特征的企业重组。但现在还不清楚的是，公路零担运输的网络经济规模到底能有多大，也就是说不清楚其是否具有自然垄断的性质。

零担运输的客户不像航空客运可以分为公务旅行者和旅游者，然而由于货主托运批量大小的差异，零担运输公司可以通过公布运价表与折扣谈判相结合的方式实行区别运价，主要是给托运量大的货主提供优惠。但零担运输公司很难把一辆卡车的全程成本都转移到其中某一件或少数几件货物的运费中去，因此互不补贴定价在这里的使用受到很大限制。可以认为，公路零担运输公司主导市场的能力是比较小的，原因是货主往往有比较多的选择可能性，有些货主可以把货物累积到足以雇用整车服务，更多的货主甚至选择购买自备车辆自我服务，此外运输市场上还有很多货运代理商或经纪人可以为货主提供帮助，所以托运人被运输公司彻底俘获的机遇不多。

另外，虽然大多数航空公司都不会只经营唯一的航线，但它们经常是在某些航线上具有很强的竞争实力。航空公司在不同航线或运输市场上面对的运输需求千差万别，航线之间的运营成本结构也不一样，因此航空公司往往发现需要制定不同的价格战略以便去获取最大的收益。由于现在航空客运服务早已是面对普通大众，绝大多数机票都是通过计算机联网出售，很多机票还需要多种代销渠道，因此尽管打折优惠名目繁多，但航空公司要想保守自己的价格秘密已经十分困难，这和另外一些运输市场特别是货运市场有较大区别,在那里货运公司可能并不准确了解竞争对手的实际运价。

(三)基本上不拥有固定设施的运输经营者

(1)行业的可竞争性。就行业的竞争性来说,整车公路货运企业与铁路公司相比,后者的特征是同时拥有载运工具和运输基础设施,并且使用者拥有一定的市场操作能力;前者的特征是开展货物运输活动时只利用可移动载运工具,并不具备市场操纵能力。如果市场的管制不是非常严格,每个个体都可以成为公路货运业者,他们只需要经营货车这一可移动载运工具,并且利用较为规范的二手交易市场上为货车寻找运输业务,朝着拥有市场需求的地方转移载运工具,如果某一个区域或某一条线路没有获得良好的经营效益,他们只需要花费较低的成本便可以向另一个区域或另一条线路转移。人们将这种拥有较低的沉没成本且容易进入市场的行业称为可竞争的行业。具体来说,在市场内部存在一家或者几家供给产品的企业,但是这些企业很难发挥垄断地位的价值和作用,获取垄断利润,主要是因为在市场外部还存在隐藏的竞争者随时可以自由进入市场,与它们竞争瓜分市场份额和利润。分析这些规律和原理可以发现,在可竞争的市场中,以往由范围经济和规模经济决定市场结构的现象不复存在,取而代之的是,市场价格与机会成本等同。所以,整车公路货运市场作为供给方由移动载运工具经营者构成,是可竞争市场中的典型代表性,运输业者缺乏垄断力量,他们确定的行业市场价格与他们的经营机会成本相等。

(2)“过度竞争”问题。然而,尽管这一类运输市场不具有垄断性,但在过去不短的时期里它们也受到管制,原因是可能存在毁灭性竞争(又称过度竞争,excessive competition)。原来的理论是,这种市场中的运输厂商有可能在价格战中把运价压得过低,结果导致最后市场上还是只剩下一家垄断者。

在由移动载运工具经营者供给的运输市场上,运价决定于经营者的机会成本,但由于运量在方向上可能是不平衡的,因此这也会影响到运价。如果出现运输需求在方向上的不平衡,那么在回程方向上就会有运输能力的过剩,任何希望揽到回程运量的经营者都可能接受较低的运价,只要该运价高于载运工具空返的成本加上少量增加的燃料费和保险费等,否则空返成本就要全部加在重载方向的成本上了。但如果运输需求在方向上比较平衡，那么两个方向的运价水平就会相差不多，分别与本方向的运输成本相对应。另外，经营载运工具的机会成本与运输总需求及其他一些因素显然也有很密切的关系。例如，当苏伊士运河关闭时，从中东沙特等产油国到欧美去的油轮需要绕行好望角，运输距离的延长使油轮的供应变得紧张，于是运价即使不考虑燃料和人工费用的增加都会由于油轮本身使用机会成本的提高而上升；而当苏伊士运河重新开放后，运价很快就回落了。

在移动载运工具经营者生存的运输市场上，运价确有可能是不稳定的。在运输能力过剩的时期，经营者虽然可以使运价的收入等于其经营的机会成本（可变成本），但却可能保证不了通过经营收入偿还其债务（固定成本）。例如，一位私营公路卡车的车主为偿还当时购车所欠下的债务，平均每天需要向银行支付 200 元，但由于遇到经济衰退目前使用该车辆的机会成本只有 100 元，结果这位车主就赔钱了，他如果不从过去的积蓄中拿出钱来还贷，往往就得破产并把车子作为抵押物交还给银行。当然收回抵押物的银行也只能按照以当前收入计算的折现值卖车，这就使银行可能要承担比拖车经营者更大的损失。因此，银行在这种情况下可能选择与负债人重新谈判还贷期限，而不是立即全部承担负债人的破产损失。载运工具的所有者是这类运输市场财务风险的主要承担人，而被雇来驾驶这些载运工具的人员虽然在经营不利时期也会有工资降低甚至失业的可能，但他们只是市场价格波动风险的间接承担者，他们没有更多的金钱损失。而一旦市场情况好转，由于运价攀升带来的利润也首先应该归载运工具的所有人，而不是归驾驶人员。当然，由于使用载运工具的机会成本又再次上升了，所以这些刚刚赚到的钱很可能又被用于投资购买新的设备去了。

第四节 运输市场中的交易成本

一、交易成本的认知

“交易成本起因于所有权的转移,更一般地说,起因于财产所有权的转移。它们是分散的所有权、私人财产和交易的产物。①”交易成本又称交易费用,它是与一般的生产成本(production cost)——“人—自然界”关系成本是相对应概念。所谓交易成本(transaction cost),就是在一定的社会关系中,人们自愿交往、彼此合作达成交易所支付的成本,也即“人—人”关系成本。正如在现实的物理世界中运动总是要有摩擦一样,在现实的经济世界中交易总是要有交易成本的。可以这么说,有人类的交易活动,就会有交易成本,它是人类社会生活中一个不可分割的组成部分。

(一)交易成本的分类

由于交易成本泛指所有为促成交易发生而形成的成本,因此很难进行明确的界定与列举。但通常,我们可以将交易成本区分为事前与事后两大类。

事前成本:①搜寻信息的成本。找到最合适的交易对象,搜寻到要提供的产品与服务所需成本是多少。②协商与决策成本。为促成交易双方协商、议价、谈判同时做出决策而产生的成本。因为交易双方信任度不够且不够理性,耗时进行协商与谈判而产生成本。③契约成本。交易达成准备交易并制定契约,通常再对契约内容协商讨论进而产生成本视为契约成本。

事后成本:①监督成本。双方达成契约,为避免对方会做出违反契约的一些行

① 何雄浪,李国平. 运输成本、交易成本与交易效率——新古典经济学分析框架的矫正[J]. 学术月刊,2007,39(4):85.

为，在契约订立后执行过程中互相监督对方，由此产生的成本是监督成本。②执行成本。订立契约后，双方会互相检验用以证实各自是否履约，任意一方出现违背契约行为，另一方都会采取强制措施让其遵守约定，这就是执行成本。③转换成本。交易双方交易完成后，可续约也可不续约，有一方要变更交易对象，由此产生的成本就是转换成本。

如果试图通过收取道路通行费获得公路的建设维护资金，交易成本包括（但不限于）：公路收费站的规划、建设、运营和监督成本，公路收费标准的制定成本，公路收费站造成的车辆排队延误（时间成本），对通行车辆（如超载货车）的监测、识别和监督成本，针对违规车辆的执法成本等。这些代价是十分高昂的，以至于影响了收取道路通行费这种交易方式的使用范围。

（二）交易成本产生的原因

交易成本来自人性因素与交易环境因素的交互影响，其产生的原因主要有：

（1）风险与不确定性（risk and uncertainty）：指交易过程中各种风险的发生概率。现实中充满不可预期性和各种变化，由于人类有限理性的限制，使得面对未来的情况时人们无法完全事先预测。加上交易过程买卖双方常发生交易信息不对称的情形，交易双方因此会将未来的不确定性及复杂性纳入契约中，通过契约来保障自身的利益。因此，交易不确定性的升高会导致监督成本、议价成本的提升，使交易成本增加。

（2）有限理性（bounded rationality）：指交易进行参与的人，因为身心、智能、情绪等限制，在追求效益极大化时所产生的限制约束。

（3）机会主义（opportunism）：是指人们对自我利益的考虑和追求，即人具有随机变、投机取巧、为自己谋取更大利益的行为倾向。参与交易进行的各方为寻求自我利益而采取的欺诈手法，同时增加彼此不信任与怀疑，因而导致交易过程监督成本的增加。

（4）信息不对称（information asymmetric）：因为环境的不确定性和自利行为产生的机会主义，交易双方往往握有不同程度的信息，使得市场的先占者（first mover）拥有较多的有利信息而获益，并形成少数交易。

（5）资产专用性（asset specificity）：指交易所投资的资产本身不具市场流通性，

或者契约一旦终止,投资于资产上的成本难以回收或转换使用用途,称之为资产的专属性。资产专用性可以分为五类:地点的专用性;有形资产用途的专用性;人力资产专用性;奉献性资产(指根据特定客户的紧急要求特意进行的投资)的专用性;品牌资产的专用性。

(6)交易的频率(frequency of transaction):交易的频率越高,相对的管理成本与议价成本也升高。交易频率的升高使得企业会将该交易的经济活动内部化以节省交易成本。

(7)气氛(atmosphere):指交易双方若互不信任,且又处于对立立场,无法营造一个令人满意的交易关系,将使得交易过程过于重视形式,徒增不必要的交易困难及成本。

二、交易成本中的风险与不确定性

在分析运输市场时,我们所假定的是成本和需求已知,并且每个企业都可以预见其他企业将会如何行动。但在现实生活中,商业活动都充满了风险与不确定性。理论上,所有的企业都会发现产品价格每月都在波动;劳动、土地、设备和燃料等投入品的价格常常有很高的不稳定性;竞争者的行为也很难提前预知。经济生活就是这样一些充满风险的交易。

人们总会想方设法地去躲避风险和不确定性。当一个人对损失大量收入时形成的痛感多于他获得同等收入时形成的满足感,可认定其是一个风险规避者。从消费者层面分析,相同的平均值情况下,人们大多会倾向于不确定性较小的结果,正因如此,在改善经济福利的时候可从降低消费不确定性出发。

虽然风险规避者可尽力去避免风险,可风险依然会存在。发生交通事故会有人员伤亡,港口发生台风侵袭,也会有人会在事件中付出一定代价。市场机制是利用把风险分摊来应对各种风险。这个过程就是把针对一个人的大风险分摊成若干份给其他人,进而把承担的风险降到最小分摊到每个人身上。

有一种风险分摊方式类似赌博形式,即保险{insurance}。拿车辆自燃险来说,车主就车辆发生自燃的可能性和保险公司对赌:若车辆正常未发生自燃。车主支付一部分保险费用,一旦车辆发生自燃,那么保险公司将按照合同制定的价格进行赔付，承担车主大量的损失。由此可见，保险就是把风险规避者或风险较大者身上的风险转移到较容易承担风险的一方身上。

还有一种是由资本市场来分散风险的方式，由于有形资本的资金可利用企业所有权这个引子，把风险分摊到众多的所有者之间，也能提供比单个的所有者更多的投资和承担更大的风险。对新型商业飞机进行投资生产就是这样例子的典型。新型商业飞机经过全新设计，研发过程估计得 10 年且总投资达到 20 亿美元。可庞大的投入也无法保证飞机能具有广阔的商业市场前景来使投资得到弥补。所以很少有人愿意承当这样的风险去进行大量投资，纵然有钱也不会轻易决定。市场经济可利用公众拥有公司的方式来实现这一庞大任务。类似波音公司，拥有股份的人成千上万，没有人可享有很大的比例。假如把波音公司的股权平均分配给 1000 万人，20 亿美元的投资分到每个人身上只有 200 美元。假如该公司股票上的收益有足够的吸引力，社会上就会有人争先恐后地来分担上面所说风险。

截止目前，做出的分析是建立在倘若投资和消费者了解自己要承担的风险基础上，而且要确保投资和保险市场能正常运行。然而，由于逆向选择和道德风险之类的市场失灵问题，在现实中会出现很多人为的不确定性和风险。当这些因素存在时，市场可能会给出错误的信号，从而破坏激励机制，甚至有时还会瓦解市场机制。而且，如果考虑到这些因素，我们便进入了充满机会主义的真实世界。

三、交易成本中的有限理性与机会主义分析

（一）“契约人”假说的具体表现

社会科学中的所有理论都直接或间接地包含着对人的行为的假设。其中，古典经济学的“经济人”假说无疑是十分理想化的。经济人在新古典经济学中理性逐渐增长，渐渐偏离了斯密对“经济人”理性叙述的范围：对能实现最大化最优方案的选择行为被认为是理性行为，同时要求筛选出适合的一连串“理性公理”，尤其在数学化的均衡论和主观期望效用理论中表现突出，经济人貌似得到神一般的理性，因而也称做“超级经济人”。正是由于此，与古典学派中相应的经济伦理观的不同，当代主流经济学中的伦理因素日益减少。20 世纪中后期，越来越多的经

济学家开始主张放弃人是“理性的效用最大化者”的观点，以恢复“实际的人”的显著特点。其中，比较有影响的概念包括契约人、政治人、等级人等。交易成本经济学认为，实际社会中的人都是“契约人”，他们无不处于交易之中，并用明的或暗的契约来治理他们的交易。契约人的行为特征不同于经济人的理性行为，具体表现为“有限理性”和“机会主义行为”。

(二)有限理性与不完全信息的关系

有限理性触及到人与环境间的关系，具体指人的行为意识是有理性的，但这种理性又有一定限度。有限理性包含两方面意思：一是外界环境复杂多变，人类所面临的世界有太多的不确定性和复杂性，面临的交易越多，伴随的不确定就越大，信息面也越窄；二是人对环境的认知和推算能力有限，不会无所不通。

在此，简要分析“有限理性”与“不完全信息”的关系。所谓的有限理性可以归结为不完全信息，即只要愿意支付足够高的信息成本，人的理性就可以是无限的。但实际上，且不论信息的获取成本有时将非常高昂，真正的问题不在于是否有信息，而在于我们有限的大脑能够“加工”多少信息。这里存在一个信息悖论(information paradox)，即信息的搜寻不可能达到最佳状态，因为人们在获得信息之前无法确定信息的价值；但是，一旦人们了解了信息的价值，事实上他/她已经无成本地获得了这一信息。此外，太多的信息与太少的信息可能同样是不理想的。在现实世界中，信息不仅具有不完全的特征，而且还具有不对称的特征。所谓不对称，是指交易双方对交易品所拥有的信息量不对等。例如，在汽车交易特别是二手车中，卖方可能要比买方对汽车有价值的特征知道得多。而且，人们可以通过向对方披露部分信息甚至欺骗等手段隐瞒信息获利。

(三)机会主义的具体表现

机会主义的具体表现主要有：

1.基于博弈的短期化行为与消极等待行为

博弈(game)，是指在一定的游戏规则约束下，基于直接相互作用的环境条件，各参与人依靠所掌握的信息，选择各自策略(行动)，以实现利益最大化和风险成本最小化的过程。简单说博弈就是人与人之间为了谋取利益而竞争。从博弈的角度来看,人的机会主义行为在一次性的交易与合作中会有更加突出的表现。

2. 基于信息不对称的“道德风险”和“逆向选择”行为

完全信息是西方经济的基本微观假设之一,也即是说,一堆理论都是在完全信息(每个参与主体都拥有完全的信息,即做出的抉择包含了所有的信息)的假设基础之上的。而现实生活中,信息常常是不完全的(包括信息不确定和信息不对称两种情况),即实际生活中人们的抉择常常不能包含或者无法包含市场的全部信息。

市场交易的各方拥有的信息不对等现象称为信息不对称,买卖双方获得的商品或服务的价格以及质量等信息并不一致,一方获取的信息比另一方较多,就会处于信息优势的位置上,另一方就会处于劣势位置上。不同程度信息不对称的现象存在于各种交易市场上。一般情况下,虽存在信息不对称现象,但根据所掌握的市场信息也能确保产品和服务的生产与销售环节正常进行;另一种情况就是信息不对称会造成市场失灵。当信息出现不对称时,大多数人不会完全表露出全部信息甚至会出现损人益己的行为。由于信息不对称引发了机会主义行为倾向,而这种行为又分成了事前和事后机会主义行为。

事前机会主义行为是指交易各方在签约时利用签约之前的信息不对称或隐蔽信息,交易的一方掌握着交易的某些特性,而另一方却在此无法观察或试验,在交易完成后,此种信息不利因素即不复存在。在这种条件下,掌握私有信息的一方就会利用对方的信息弱势故意扭曲事实真相、迷惑他人和浑水摸鱼,为自己谋取利益。这又被称为“逆向选择”。例如,如果卡车的养路费只取决于车辆的登记吨位,车主就会购买装载能力较强而登记吨位较低(“大吨小标”)的车型甚至伪造行车证等。

纵使交易完成,交易一方拥有的信息比另一方少的现象仍旧存在就是事后机会主义,签约之后交易方通过信息不对称和掌握信息优势,缩减自己的主要投入或采用机会主义行为,违反合同,同时钻政策和制度及合同的空子,采用隐瞒行动的方式促使自我效益最大化进而影响组织效率的道德成分,交易一方由于无法时刻监督和观察对方的行为,或者由于成本高原因无法实行监督行为。通常也把上述事项叫做“道德风险”。

介于信息的两种机会主义行为，交易效应也会因此大打折扣。有一方要鉴别对方的隐瞒行动与隐藏信息并非不可能，只不过需要权衡多方因素，如搜集信息、实行检查及监督所对应付出的成本和获得的收益之间是否对等。上述从检查监督方面对自身成本及收益的测算，足以证明组织与合作中“逆向选择”和“道德风险”并不会完全消失，多多少少都会存在。

3. 基于集体行动的“搭便车”行为

集体行动存在“搭便车”的难题，这也是机会主义行为的一种，“搭便车”具体来说是自己未承担费用，却享受到同样的团体服务，有合作性的交易中表现出个人的“偷懒”行径，但却获得同样的待遇。一旦产出物品被贴上集体或公共物品的标签，搭便车现象就很突出。个人理性酿成了集体或合作方外部负效果，使得集团利益鞭策不够，致使行为人的激励减弱，却给搭便车者偷懒提供了便利。

以红绿灯的设置为例，在一个拥挤的十字路口，由于没有红绿灯的控制，每辆车都急于通过路口，从而导致路口变得更加拥挤，每辆车都无法通过。设置一个红绿灯的成本为 5 万元/年，一年该路口通过 10 万辆汽车，每辆汽车由于可以顺利的通过路口而节约的成本为 10 元。由于节约的成本 100 万元大于 5 万元，设置红绿灯是有效率的。但市场会提供这个有效率的可能性比较小。公共物品的非排他性使得通过市场交换获得公共产品的利益这种机制失灵。对于红绿灯提供者而言，他必须能够把那些不付钱而享受红绿灯的人排除在消费之外，否则他将无法弥补生产成本。而对于一个消费者而言，由于公共产品的非排他性，公共产品一旦生产出来，每一个消费者都可以不支付就获得消费的权力，每一个消费者都可以搭便车。消费者这种行为意味着生产公共产品的厂商很有可能得不到弥补生产成本的收益，在长期中，厂商不会提供这种物品，这使得公共物品很难由市场提供。

4. 基于资产专用性投资的“敲竹杠”行为

共同投资或多方之间也经常出现机会主义行为。根据资产市场转变难易程度可把专用性维度划分三种：非专用、混合和专用。把耐用性实物资本或人力资本投入到某种特殊的交易关系后而被固定的程度就是“专用性”。一旦要突破原有关系或改变制度规则，专用性资产会支出庞大的转置和退出成本，形成“套住”效应。

这个概念的重要性体现在，在做专用性投资时，双方要长期从事二者之间的交易活动；不可交易资产显著特性是明确了投资方退出交易过程和解除契约关系的不易程度，一旦对合约另一方形成依赖，就会削弱投资方在完成投资后的谈判地位进而无法提防另一方的机会主义行为。假如交易中含有某种性质的专用性投入，事后或买方垄断会替代事先的竞争，进而引起另一方把专用性资产中的“准租金”据为己有的机会主义行为。比如挑出合约的漏洞，找各种理由“敲竹杠”，让自己在交易中处于主动地位。而被“敲竹杠”的存在无疑提高了专用性资产的交易成本，对当事人事后讨价还价的地位带来影响，进一步影响了事前的投资计划。资产专用性高，市场交易的成本就大进而造成纵向一体化可能性就高。即使把市场交易转变成企业交易，也不能彻底杜绝机会主义行为，令人遗憾。

以公路基础设施为例，由于公路的投资主要集中于线路、桥梁、隧道等固定设施，这些设施的投资较大，使用寿命较长，投资一经完成则不能移动，也很难被用于其他用途，当某一公路路段被废弃后，残值往往很低。因此，公路资产具有高度的专用性，主要包括：①地理区位专用性，例如公路线路、桥隧等资产一经投入即无法轻易挪动；②物质资产专用性，例如公路的路面、路基等结构在物理性能上的专门适用特性；③人力资本专用性，公路部门的员工拥有特殊的知识技能，一旦离开公路部门，可能导致自己人力资本的巨大损失。需要说明的是，高等级公路的资产专用性要高于普通公路的资产专用性。

第四章　现代运输方式的不同选择

第一节　公路货物运输

公路运输是构成陆上运输的两种基本运输方式之一,也是发展最早的物流运输方式,它不仅可以直接运送货物,而且也是车站、港口和机场集散货物的重要手段。即使在一些铁路和航空运输十分发达的国家,公路运输在整个运输系统中仍然占有重要地位,并发挥着重要的作用。

一、公路物流运输的认知

迄今为止,公路物流运输是现代物流运输的主要方式之一,也是经济社会发展的一个基础性产业。公路是公路物流运输中的最基本设施之一,其形态对公路物流运输活动至关重要。公路是按照国家规定的技术标准,并经公路主管部门验收认定的联结城市、乡村和工矿基地等,主要供汽车行驶、具备一定技术条件和设施的道路。

近年来,随着经济全球化进程的加快和市场竞争的日益加剧,一个高效、便捷、安全的公路货运系统和物流配送体系不仅成为一个地区或国家投资环境的重要组成部分,也日益成为决定该地区和国家制造业竞争力水平的重要因素。“而公路运输由于路网密集,可以延伸到铁路和水路所不能到达的地方,而且运输时间短,具有直达快运的优势,但是由于一次性运输量较小,运输成本相对较高,因此主要运输附加价值高的货物,所以在中短途货物运输市场最具竞争力。[①]”

(一)公路物流运输的基本内容

公路物流运输是主要使用汽车,也使用其他车辆(如人力车或畜力车)在公路上进行货物运输的一种方式。公路物流运输系统主要包括运输工具、运输节点和运输线路。

(1)公路物流运输工具。汽车、挂车以及汽车列车是最常见的三类公路物流运输工具,汽车主要用于载人,不依赖于轨道运输,还可用于货车或货物的牵引;挂车必须由汽车牵引,挂车并不能独立工作,是一种特殊的无动力车辆;汽车列车通常由一个货车和至少一个挂车组成,是公路物流工具中非常重要的一种。

(2)运输节点。运输节点又被称为运输结点,所谓的结点实质是指货运场,是有偿为社会提供存储、装卸、配送等服务的场所。

(3)运输线路。公路物流运输工具在运输过程中所走的路线称为运输线路。

(二)公路物流运输的优缺点

1. 公路物流运输的优点

公路物流运输最大的优势就是灵活性强,较其他建设而言,公路建设所需的资金较少、修建周期较短,对设施性能并没有严格要求。综上所述,公路物流运输可以为其他类型的运输提供支持,能够起到衔接的作用,下面就公路物流运输的优点展开具体论述:

(1)运输便捷、方式灵活。我国公路网络相对完善,具有分布广、密度大的特点,绝大多数乡镇、村庄也可以采用公路运输,城市相比农村,公路网络更加密集,运输效率也会有所提升。在运输时间方面,公路运输更具优势,其机动性相对较大,调度、装卸、运输都没有严格限制并且耗时最短。除此之外,对于一些短途的救援物资、货物运输,公路运输方式的优势更加很明显。

---

① 彭大衡,吴健雄.中国公路货物运输发展研究[J].湖南大学学报(社会科学版),2003,17(4):55.

(2)可以实现直达式的运输。所谓的直达运输实质上是指“门到门”的运输,由于汽车具有体积小的特点,因此可以实现车辆在村庄、厂区、农田间的自由进出,货物就可以实现从出发地的门口到目的地的门口的直达式运输,这是火车、飞机等运输方式所不具备的优势。

(3)运输效率高、运输成本低。汽车运输既然能够实现直达式的运输,那么就自然省去了倒运等流程,运输成本也随之降低,尤其是在短途运输中,公路运输不仅速度快,而且能够提升货物的时间价值,有一些对时间有严格要求的鲜果运输、海鲜运输,采用公路运输就会大大提升效率、降低成本。

(4)投入相对少,资金运转速度较快。与铁路物流运输不同的是,公路物流运输对于设备的要求并不高,不需要像铁路运输一样购置信号设备等。就车辆本身的价值而言,购买汽车所需的资金更少,更能满足短期生产的需要。

(5)能够发挥一定的衔接作用,适应性强。汽车运输相对灵活,能够更好地适应环境,能够实现在不同环境下完成不同的运输任务,在与其他运输方式衔接的过程中,公路物流运输发挥了至关重要的作用,可见,公路运输在综合运输体系中占据重要地位。

2. 公路物流运输的缺点

上节主要阐述了公路物流运输的优势所在,实际上公路物流运输也具有一定的局限性:其一,公路物流运输不适用于长距离、大批量的运输,毕竟运输车辆的体积有限,长途运输也相对耗时,因此公路运输常用于短途运输;其二,公路运输的危险性高,容易发生意外,据统计数据显示,我国每年公路运输出现事故的概率远高于铁路运输,约为铁路运输的 15 倍;其三,公路运输的损耗大、运量少,车辆的体积、运输环境有限,很容易出现车辆颠簸,进而导致货物的损坏,这无疑增加了运输成本以及风险;其四,易造成环境污染。汽车在运行中对环境的污染主要包括废气污染与噪声污染。废气污染指汽车发动机排出的废气中的有害成分排入空气中达到一定浓度后,将污染大气,对人和生物造成危害;噪声污染主要指汽车运行中的发动机噪声、喇叭噪声和轮胎噪声等。此外,汽车电气设备工作时发出的无线电波对附近建筑物内的收音机、电视机以及无线通信设备的正常工作也会产生一定程度的干扰。

公路物流运输可以按照不同的标准进行分类，如按照货物运营方式分类，则可以分为整车运输、零担运输、集装箱运输、包车运输等；根据货物种类分类，可以分为普通货物运输和特种货物运输等；按托运的货物是否保险或保价分类，可以分为不保险（不保价）运输、保险运输和保价运输等；按货物运送速度分类，可以分为一般货物运输、快件货物运输和特快专运等。

（三）公路物流运输的道路通行能力

道路通行能力是公路物流运输中的一个重要概念，它制约和决定着公路物流运输的发展。道路通行能力，是指在一定时段和通常道路、交通管制条件下，车辆（或行人）通过道路某一点或均匀断面上的最大小时流率（简称流率）。当利用流率分析道路的通行能力时，取用时段大多是交通高峰的 15 分钟。以此时段为基础计算得出的最大小时流率即是道路所能通过的车辆极限数值的量度。

交通量与流率：二者是衡量公路物流运输的道路通行能力的重要性能指标，交通量具体是指在单位时间内，在某一车道中所经过的车辆数目，而流率则是指在固定时间内，经过某一车道的车辆数目，如果观测的时间尚未达到一小时，则需要用车辆数目处于所观测的时间，这也正是流率的计算公式。

例如，某道路的交通高峰时段为 7:45～8:00，在这一时段内的交通量为 1300 辆，因此，该道路的交通，流率为 1300 辆/15 分钟=5200 辆/时。而在实际观测的 1 小时（7:30～8:30）时间中，只有 4000 辆车通过了指定的道路断面，即交通量为 4000 辆。

（四）国际陆路物流运输

国际陆路物流运输是国际公路和铁路物流运输两者的总称。国际公路物流运输，是指国际货物借助一定的运载工具（通常是汽车），沿着公路跨两个或两个以上国家或地区的移动过程。目前，世界各国的国际公路物流运输业务并不多见，我国主要发生在国内与港澳特区之间的物流运输当中。

在国际物流运输中，铁路运输是一种仅次于海洋运输的主要方式，海洋运输的进出口货物也大多是靠铁路运输进行货物集中和分散的。国际铁路货物联运，是指在两个或两个以上国家或地区进行铁路货物运输时只使用一份统一的国际联运票据，由一国铁路向另一国铁路移交货物时，无须发、收货人参加，铁路当局对全程运输负连带责任。由于国际铁路货物联运是通过几个国家或地区间不间断运送或不同的运输方式运到目的地，所以运输条件也就是车、票、证必须符合有关国际联运的规章和规定，办理手续也比较繁杂。

例如，我国与俄罗斯、哈萨克斯坦、蒙古、朝鲜和越南等领国有铁路相连。中俄之间有滨州线、滨绥线、图晖线等几条铁路干线；中哈之间的铁路干线主要是北疆铁路；中蒙之间的铁路干线是集二线；中朝之间有沈丹线、长图线、梅集线等几条铁路干线；中越之间有湘桂线和昆河线两条铁路干线等。

二、公路物流运输作业流程

物流运输组织方法直接影响物流运输速度与运输费用，在各种运输方式竞争激烈的条件下，做好物流运输组织工作显得尤为重要。物流运输作业应在掌握一定货源的基础上，根据货物结构，合理调配和使用车辆，做到车种适合货种，标重配合货重。

公路物流运输作业基本流程分为备货、托运、变更与取消、派车装运、交接、损失赔偿、运输统计与计算等，下面对公路物流运输中的托运、变更与取消、交接等方面进行说明。

（一）公路物流运输中的托运

（1）托运的办理。托运一般采用书面形式，由货主填写托运单。托运单是货主与运输单位之间签订的货运合同，经运输单位审核并由双方签章后具有法律效力。托运单是货主托运货物的原始凭证，也是运输单位承运货物的原始依据。

（2）填写托运单的注意事项。货主在填写托运单时，应注意以下事项：①货运单中所囊括的全部货物必须属于同一个人，也就是所谓的托运人，如果出现拼装分卸的情况，托运单上必须标注清楚并说明情况；②易碎、易燃、易爆品不得与其他物品一起托运，还有一些对运输条件具有要求的物品，也不能使用同一张托运单进行货物的托运；③只要托运的货物不是同规格、同包装，应当提交相应的货物清单，方便货物的查收；④如需托运集装箱，集装箱的箱号以及印文号码语言标注清楚，除此之外,接运的码头、航次信息、货物清单均要完整;⑤轻泡货物或者说体积相对较大,需要将体积折算成重量的货物,要计算货物的体积并确定折算标准;⑥托运人可以选择自行装卸货物,托运人签字确认后,托运单内会有所标志;⑦托运人如果需要运输人员转递相关文件、材料、数据等,应当在货运单的备注区域书写清楚;⑧托运一些特殊货物时,应当遵守相关规定。按照特定程序填写托运单;⑨托运人在填写托运单时,必须保持诚信的原则,确保内容的真实性、有效性,字迹清晰并签字盖章,如果在途中需要转运或发生货物装卸的情况,应当提供相应的盖章证明。

(二)公路物流运输中的变更与取消

(1)变更、取消的办理。在货物起运前后,如遇特殊原因托运方或承运方需要变更、取消运输时,应及时由承运方和托运方协商处理。

(2)变更、取消的规则。根据规定,公路物流运输的变更、取线应当满足以下条件:①无论是托运方还是承运方都不得擅自变更或取消运输,必须是遇到特殊情况,不得不采取变更、取消方案,且双方必须达成一致。②在货物并没发出时,承运人可以提出变更要求,如运输数量、时间、地点等,但在运输途中,承运人只有在特定条件下才能够提出变更要求。③货物在没有发出时,可以申请取消,货物一旦发出,则不能办理取消业务。④若是涉及国家指令的运输计划,如需取消或变更运输的,应当在协商之前,向上级部门汇报。⑤变更和取消运输所产生的一系列费用,均由取消方负责,如果是双方达成协议的,按照合约承担相应的损失。

(三)公路物流运输中的交接

(1)交接的办理。在公路物流运输中,货物运抵目的地后,托运人(或货方)应按规定收货、验货。

(2)交接的注意事项。公路物流运输中货物的交接应注意如下事项:①件交件收是托运双方应当遵守的基本原则,而对于一些散装的货物而言,也要做到磅交磅收,直达式的货物凭借铅封进行交接。②托运人应当严格按照托运要求办理装卸手续,并按照流程完成发货,在货物装卸的整个过程中,双方都应当抵达现场,清点货物的数量,检查货物的质量,在确保检查无误后,在托运单上签字;在此期间,若发现物品损坏、货物运输不合规的情况,应当立即停止发货任务,在调换工作完成后。才能够装车起运，检查、签字环节在整个交接过程中就显得尤为重要。③收货人以及承运人需要在指定地点完成对接工作，收货人应当认真检查货物，确认无误后才能够在收货单上签字，如果发现货物损坏或者丢失，对接人员需要做好记录，收货人有理由拒收或向有关部门反应。④收货人如果对重量、体积、质量等存在异议，可以申请复查，一旦发现与货物真实情况不符，可以要求承运方赔偿，承运方需要负全责。⑤承运人联系不上收货人或收货人迟迟不来取货，在通知时间后的 30 天内，货物需要妥善管理，在管理期间，不得对货物进行任何操作，还需要及时与收货人取得联系，如果超过 30 天还无人认领，就需要向上级申请，交上级处理，如果是一些不易保存的货物，会有相关的处理办法。

第二节　铁路货物运输

“在我国运输体系当中，各种运输方式都发挥各自不同的作用。[①]”铁路物流运输是在干线物流运输中起主要作用的运输方式，主要承担长距离、大批量的货物运输。在没有水运条件的地区，几乎所有的大批量货物都是依靠铁路进行运输的。在我国，长期以来，铁路运输是国民经济发展的基础行业，一直处于运输市场的主导地位。

一、铁路物流运输的认知

铁路物流运输具有全天候、大批量、长距离、成本低、高效率的现代化运输特点，是在我国综合运输体系中起骨干作用的重要运输方式。我国铁路由国家铁路、地方铁路、合资铁路和铁路专用线组成，主要承担大宗货物中长距离运输。

---

① 姜旭．关于我国铁路货物运输的实证研究[J]．物流技术，2011，30(10)：23.

(一)铁路的基本内容

铁路由于其承担的运输量大,所以被称为经济“大动脉”。铁路是由路基、桥隧建筑物(桥梁、涵洞、隧道等)和轨道(主要包括钢轨、联结零件、轨枕、道床、道岔等)组成的一个整体的工程结构。路基和桥隧建筑物都是轨道的基础,它们直接承受轨道的重量,承受轨道传来的机车车辆及其荷载的压力。

“铁轨”是铁路轨道的简称,也称“路轨”“轨道”等,通常由两条平行的钢轨组成,供火车开行。钢轨固定在轨枕(亦称枕木或路枕)上,轨枕的作用是分散铁轨重量和固定钢轨、维持轨距。现代使用的钢轨切面成“工”字形,分为与车轮接触的轨头、中间的轨腰及底部的轨底。铁轨能平均分散火车的重量,极大提高火车的载重力;相对于公路来说,铁轨可以减少摩擦力,使铁路运输节省大量能量。不同的路线对钢轨的强度、稳定性及耐磨性有不同的要求,因此,钢轨也有不同的规格。铁路可分为标准轨(1435 毫米)铁路、宽轨(1520 毫米及以上)铁路和窄轨(1067 毫米及以下)铁路。

铁路的轨距:轨距指的是两条铁轨之间的距离,更准确地说,是两条铁轨内缘之间的距离。在铁路发展早期,各国铁路的轨距五花八门,有 610 毫米、762 毫米、1000 毫米、1067 毫米、1372 毫米、1435 毫米、1524 毫米、1880 毫米、2141 毫米等。一般而言,宽轨的铺设成本高、转弯半径大,但它的承载重量大,最大设计时速较高;窄轨虽然在承载重量和设计最高速度上不占劣势,但它方便在地形崎岖的山区铺设。

由于铁路的轨距不同,所以很多国家难以实现火车的直通。如在东北亚地区,中国与俄罗斯、蒙古接壤,但中国采用标准轨距,而俄、蒙却是宽轨,尽管铁路线路可以联结起来,但国内的货物运到边境就要卸车,然后再装到对方国家的火车上。这提高了运输成本。解决这个问题的方法是修建双轨距铁路或多轨距铁路,双轨距铁路或多轨距铁路铺有三或四条钢轨,可以让使用不同轨距的列车都能行驶。

按管理主体不同,我国的铁路又可分为国家铁路、地方铁路、合资铁路、专用铁路和铁路专用线等。

(二)铁路物流运输系统构成与优点

铁路物流运输,是指有固定的运行轨道,以铁路机车、货运车辆为运输工具,承担货物运送任务的一种运输方式。铁路物流运输在干线运输中起主力作用,也是最有效的陆上运输方式,在物流运输业中占有重要的地位。铁路物流运输主要承担长距离、大批量的货物运输,在没有水运条件的地区,几乎所有大批量货物都是依靠铁路运输来进行的。

1. 铁路物流运输系统构成

铁路物流运输系统主要由运输线路、铁路车辆、铁路机车和铁路车站组成。

(1)运输线路。运输线路即铁路线路,它承受机车车辆和列车的质量并且引导它们的运行方向,所以它是铁路物流运输的基础。

(2)铁路车辆。铁路车辆是运送旅客和货物的工具,可分为客车和货车两大类。铁路货车的分类方式很多,如按照用途或车型可分为通用货车和专用货车两大类,通用货车又可分为棚车、敞车和平车三类,专用货车是专供装运某些指定种类货物的车辆,如保温车、罐车、家畜车、煤车、矿石车、矿砂车等。

(3)铁路机车。铁路机车是铁路运输的基本动力。铁路车辆本身没有动力装置,因此,必须把许多车辆连接在一起编成一列,由机车牵引才能运行。按照机车的原动力不同,铁路机车可分为蒸汽机车、内燃机车和电力机车三种。

(4)铁路车站。铁路车站是从事铁路货运业务和列车作业的场所。铁路车站发展趋势是作业集中化,设备、设施现代化和操作自动化等。铁路车站根据列车作业的性质又可分为以下几类:①编组站。编组站是铁路网上的主要车站,以改变车流作业为主,直通车流作业为辅,专门从事列车的编组和解体,以及车辆与列车的其他技术性作业。②区段站。区段站是位于铁路牵引区段起讫点上的车站,主要从事列车技术检查、机车的换挂、区段零担摘挂列车和小运转列车的改编等作业,配备有机车段、车辆段以及到发线、调车线和牵出线等设施。③中间站。中间站是铁路车站中最普遍、数量最多的车站,主要从事单线铁路列车的会让和双线铁路的越行作业,配备有到发线、货物线和牵出线等主要设施。

综上所述,铁路运输常用于长距离的集中性运输中,不仅能够加快货物的运输速度,还能够有效地降低成本。铁路运输基本可以实现多种类的货物运输,并不会受到体积、重量的限制,外界环境对于铁路运输的影响也相对较小,能够更好地实现准时准点运输。

2.铁路物流运输的优点

铁路物流运输的优点主要表现在以下几点:

(1)运载量大。铁路运输量仅次于船舶,一列货车一般能运送5000吨货物。

(2)成本低。其远距离运费仅为公路运输的几分之一甚至十几分之一。

(3)受气候影响小。除少数极端天气(如1998年的水灾引起的铁路沿线塌方、2008年的雪灾引起的铁路电力中断)外,铁路物流运输一般不受气候条件的影响,一年四季可以不分昼夜地运行,准点率高。

(4)速度快。铁路物流运输的速度较快,在几种运输方式中仅次于航空物流运输。

(5)安全。铁路物流运输的安全系数较大,是物流运输中最可靠的运输方式。

现代铁路物流的发展方向为牵引动力的内燃化和电气化、大宗散货运输重载化、信息技术电子化,铁路物流运输的发展可以进一步彰显铁路物流运输的优势。铁路物流运输也有其缺点,如资本密集、固定资产庞大、设备不易维修、货损较高等。按照运送货物的重量、体积、性质或形状等因素的不同,铁路物流运输可以分为整车运输、零担运输和集装箱运输三种。①整车运输。一批货物的重量、体积、性质或形状需要一辆或一辆以上铁路货车装运(用集装箱装运除外)即为整车运输。整车运输对货物的重量或体积、性质或形状都有一定的要求。②零担运输。一批货物的重量、体积、性质或形状不需要一辆铁路货车装运(用集装箱装运除外)即属于零担运输,简称为"零担"。按零担托运的货物,一件体积最小不能小于0.02立方米(一件重量在10千克以上的除外),每批不得超过300件。③集装箱运输。集装箱货物运输主要是将零担货物中适合集装箱运输的货物组织装箱,适合于运输精密、贵重、易损的货物。上述三种运输方式都有自身的优缺点及装运要求,托运人可以依据货物数量、性质、状态、形体等特点选择合适的运输方式,安全、迅速、经济、便利地将货物运送到目的地。

(三)铁路物流运输能力及其特点

1.铁路物流运输能力

铁路物流运输能力是衡量铁路物流状况的一个重要的评价指标,是对铁路物流运输企业整体能力的综合反映。为了实现运输生产过程,完成国家规定的运输任务,铁路必须具备一定的运输能力。

通俗而言,铁路物流运输能力是指在一定时间内,通过某段铁路的列车数或能够运送的货物总量。铁路物流运输能力可以利用铁路物流通过能力和铁路物流输送能力两种方式来度量。

(1)铁路物流通过能力。铁路物流通过能力,是指在采用一定类型的机车车辆和一定的行车组织方法条件下,铁路区段的各种固定设备在单位时间内(通常指一昼夜)所能通过的最多列车数或对数。它取决于铁路职工的协同动作和铁路固定设备、机车车辆的合理运用。

(2)铁路物流输送能力。铁路物流输送能力,是指在一定固定设备、机车车辆类型和行车组织方法条件下,按照机车车辆和乘务人员的现有数量,在单位时间内所能输送的最多货物量,通常以一年内所能通过的货物数量(单位:万吨)计算。

2.铁路物流运输能力的特点

铁路物流运输能力具有整体性和相对稳定性两个特点:①整体性。铁路物流运输能力的整体性,是指它是铁路物流系统整体能力的综合反映,有赖于铁路物流系统内各成员的良好协调,是铁路系统各要素能力的有机整合。②相对稳定性。铁路物流运输能力的相对稳定性,是指铁路物流系统内的硬件和软件资源相对保持不变,从而使铁路物流系统的运输能力在一定时期内不会发生很大的变化。

二、铁路物流运输作业流程

(一)铁路物流运输的基本要求

铁路物流运输的基本要求包括:一批货物的重量、体积、状态需要以一辆以上货车运送的货物，应按整车办理；按货物的重量、体积、状态不需要以一辆单独货车运送，而且允许和其他货物配装的货物，可以按零担办理；凡能装入集装箱，并且不对集装箱造成损坏和污染的货物即可按集装箱运输的危险货物均可按集装箱办理。在铁路物流运输中，下列情况不能按一批办理：

(1)易腐货物与非易腐货物。

(2)危险货物与非危险货物。

(3)根据货物性质，不能混装运输的货物。

(4)保价运输货物与非保价运输货物。

(5)已投保运输险的货物与未投保运输险的货物。

(6)运输条件如湿度、温度要求不同的货物。

(二)铁路货运的合同

(1)货运合同的签订。托运人经由铁路运输货物，需与承运人签订货运合同。货运合同的形式多样，预约合同和承运合同分别是铁路货运合同的不同形式。“铁路货物运输服务订单”是预约合同的合同书，“货物运单”则是承运合同的合同书。除此之外，一些货运的运单也可作为货运合同，包括零担货物和以零担形式运输的集装箱货物，但整车货物运输以及以整车形式运输的集装箱货物的货运合同不仅包括运单，还包括已经审定过的订单。

(2)货运合同的变更。如有特殊情况，承运双方均可向铁路部门就已参与承运的货物提出运输变更请求。托运人或者收货人应出示货物运输变更要求书或者领货凭证以提出变更请求，如果提不出相应的领货凭证，必须提出其他被认可的证明文件，同时要在货物运输变更要求书中备注说明。

(3)货运合同的解除。针对整车的货物以及大型的集装箱在承运之后及挂运之前，托运人可以向始发站提出取消托运的请求，如承运人无异议，则货运合同即可宣告解除。如零散货物或其他类型的集装箱则需要在承运后发车前提出解除请求。合同解除后，发站会将押运人的乘车费用以及所有运费如数退还，但如果牵扯到特种车或冷藏车，使用费及回送费不做退还。另外，还需要承担相应的手续变更费和保管费等。

(4)货运合同争议的调解、仲裁和诉讼。货运合同具有法律效力，当事人(托运人、承运人及收货人)都必须全面履行。

如果货运合同出现争议,通常会以调解的方式达成和解。但如果当事人不接受调解,在和解失败的情况下,则可以依据仲裁协议向相关机构提出仲裁申请。如合约中没有约定仲裁协议或者约定无效时,则可向人民法院提出起诉。

(三)铁路货运的事故处理

铁路运输部门对货物由其保管、运输期间所发生的灭失、损害、有货无票或有票无货都应按批编制货运记录。在不能判明损害、灭失原因和程度时,铁路应在交付前联系收货人进行检查或申请检验。货物在运输过程中,如发现有违反政府命令或危及运输安全的情况或铁路无法处理的意外情况,即应通知发货人或收货人处理。发货人或收货人在向铁路提出赔偿时,应按批向到站提出赔偿要求书,并附货物运单、货运记录和有关证明文件。货物损失的赔偿价格按两种情形处理。灭失时按灭失货物的价格,损坏时则按损坏货物所降低的价格。

第三节 水路货物运输

水路运输是最早的运输方式,我国是世界上较早发展水路运输的国家之一。长期以来,水路物流运输在我国物流运输,尤其是长距离物流运输中起着重要的作用。

与其他物流运输方式相比,水路物流运输有着独特的优势,如运量大、能耗少、投资省、对环境污染较小等。

一、水路物流运输的认知

(一)水路物流运输的构成要素

现代水路物流运输系统的构成要素主要包括三个部分,即船舶、港口和航道。

(1)船舶。船舶,是指能航行或停泊于水域进行运输或作业的工具,按不同的使用要求而具有不同的技术性能、装备和结构形式,水路物流运输中的船舶一般不包括用于军事、政府公务目的的船舶和20吨以下的小型船艇。

(2)港口。港口,是指具有船舶进出、停泊、靠泊,旅客上下,货物装卸、驳运、储存等功能,具有相应的码头设施,由一定范围的水域或陆域组成的区域,港口可以由一个或者多个港区组成。港口可分为基本港与非基本港,基本港是班轮公司的船一般要定期挂靠的港口,凡基本港以外的港口都称为“非基本港”;港口按用途不同,可以分为商港、军港、渔港、避风港等;按所处位置分则有河口港、海港和河港等。

(3)航道。航道是在水域内供船舶及排筏和其他浮运工具航行的线路,它是水路运输的基础设施。航道可分为天然航道和人工航道(如运河等)。

(二)水路物流运输的优点与不足

1. 水路物流运输的优点

水路物流运输以天然或人工水域为载体,利用水的浮力承载货物的重量,可实现大吨位物流运输,是开展国际贸易的主要方式,也是发展经济和友好往来的主要工具。水路物流运输具有下列优点:

(1)通过能力大。水路物流运输的突出优点是通过能力大,如海上运输利用海洋作为航道,其通航能力几乎不受限制。而且,江、河、湖、海互相贯通,可以实现长距离物流运输;船舶的舱位大、装载能力强,适合于体积较大的货物运输。目前,世界上最大的油船载重量达55万吨以上,集装箱船箱位已逾5000个标准集装箱(TEU),矿石船载质量达35万吨。

(2)节省燃料、单位运输成本低。因为沿水道浮动运行,所以水路物流运输可以有效节省燃料,降低物流运输成本。在各种物流运输方式中,水路运输的单位运输成本最小,尤其是海运,运输成本更加低廉,为铁路物流运输的1/25~1/20,不足公路物流运输的1/100。

(3)续航能力强。一艘商船携带的燃料、粮食及淡水可以延用数十日,商船还具有独立生活的种种设备,如发电、制造淡水、储藏食物、油料等,其续航能力较强。

(4)劳动生产率高。由于船舶运载量大、配备船员少,所以其劳动生产率较高。

(5)节约投资、占地较少。水路物流运输主要利用江、河、湖泊和海洋等天然航道,线路投资少,节省土地资源。

2.水路物流运输的不足

水路物流运输也存在着不足,其主要体现在以下方面:

(1)航速低。船舶体积大,遇到的阻力也大,因此,船舶的航速较低。另外,低速行驶所需克服的阻力小,能够节约燃料,一旦加快速度,增大航速所需的燃料费用就会直线上升。

(2)可达性差。航运和装卸作业受到水域码头、港口、船期等条件的限制,如果托运人或收货人不在航道上,就要依靠汽车或铁路物流运输进行转运。

(3)受季节、天气等条件的影响较大。水路物流运输受季节的影响较大,如在冰封期(或冰封区域)、枯水期就难以保证船舶的正常通航,暴风、大雾天气对水路物流运输的限制也比较明显。海运市场的周期性循环对于运费高低影响很大,使水路物流运输企业的运费收入不够稳定,甚至出现较大的起伏。

(4)船舶的投资额巨大且回收期长。从投入产出的角度看,水路物流运输企业购买船舶需要花费巨额资金,而船舶的折旧期较长。因此,水路物流运输企业用于固定资产投资的比例较高。而舱位无法储存、船舶不能移作他用使投资风险加大。

(5)水路物流运输面临的竞争激烈。水路物流运输中的海洋运输经营往往要面对各国运输企业的竞争,由于世界船吨严重过剩,同行业间竞争激烈,同时,水路物流运输还需要面对其他运输方式的竞争,所以都使水路物流运输面临巨大的压力。

(6)正确性和安全性不高。由于受自然条件的限制较大,所以水路运输难以保证运输的准时性。另外,海运事故降低了水路运输的安全性,这使得水路运输在高端市场方面竞争力不强。

(三)水路物流运输的类型划分

水路物流运输可以按不同的标准进行分类,下面介绍几种常见的分类方式。

(1)按航行的区域分类。根据不同的航行区域,水路物流运输可分为内河物流运输和海洋物流运输。内河物流运输,是指利用船舶、排筏和其他浮运工具,利用江、河、湖泊等天然航道、水库及人工水道从事的物流运输。内河物流运输一般为国内运输。海洋物流运输指使用船舶或其他水运工具通过海上航道运送货物和旅客的一种运输方式。海洋物流运输又可再分为沿海物流运输和远洋物流运输。

为了合理利用船舶的运输能力和适应不同货物及贸易合同的需要,获得最佳的经济效益。当前,普遍采用的远洋物流运输营运方式可分为两类,即班轮物流运输和租船物流运输。班轮物流运输又称为"定期船物流运输",是指船舶按照规定的时间表(船期表)在一定的航线上,以既定的挂靠港口顺序,经常得从事航线上各港间的船舶物流运输。租船物流运输又称为"不定期船物流运输",是相对于班轮物流运输而言的另一种远洋船舶营运方式。它和班轮物流运输不同,没有预先制定的船期表,航线、停靠港口也不固定。船舶的营运根据船舶所有人与货主双方事先签订的租船合同来安排,故称为"租船物流运输"。因此,船舶的航线、运输货物的种类以及停靠的港口都须根据货主的要求,由船舶所有人确认而定。

(2)按企业经营的营运方式分类。按物流运输企业的营运方式来分,水路运输可以分为自营、租船运输、委托经营、联合营运、自运等方式。自营,是指物流运输企业自己购买或建造船舶,自行经营航线业务的方式。租船运输,是指物流运输企业自己不购置船舶,而以租船的方式从事货物船运或转租营运的一种方式。委托经营即小型船公司通过付给代理费,将船舶委托给大型船公司或有经验的代理人代为营运的一种方式。联合营运是多个物流运输企业组成海运联盟进行联合物流运输的一种方式,但各物流运输企业之间仍保持其独立性。自运是大规模的物流运输企业为运送本身的货物而自行购船或租船自行营运的一种方式。

(3)按物流运输的目的分类。按物流运输的目的来分,水路物流运输可分为营业性物流运输和非营业性物流运输。营业性物流运输,是指为社会服务而发生某种方式运费结算的物流运输。非营业性物流运输,是指为本单位或本身服务,不发生各种方式运费结算的物流运输。

(4)按物流运输的载体分类。按物流运输的载体来分,水路物流运输可以分为海运和河运两种,它们分别以海洋和河流作为物流运输的载体。

（四）水路物流运输能力分析

水路物流运输能力的大小主要取决于港口、航运、集散运输等方面的配合情况。因此，计算水路物流运输能力应重点分析运输船舶数量及其载重量、港口的数量和吞吐能力等因素，从而得出某个区段的水路运输能力，以合理安排物流运输计划。

二、水路物流运输作业流程

（一）班轮运输业务程序

（1）揽货与订舱。船舶公司的经营者为了使经营的班轮运输船舶取得经济利益最大化，就必须充分利用船舶的载重能力及舱容等方面，这就需要制定一些措施来吸引客户。只有出色地完成揽活工作，才能保障船舶公司的效益。一般情况下，货物的托运人或者代理人向船舶公司即承运人提出货物运输申请，承运人接受申请并给出承诺的行为被称为订舱。班轮运输与租船运输存在一些差别，承托双方不用签订任何货运合同，只需要以口头形式或者传真形式先行预约。如果船舶公司对这种预约给出承诺，且安排舱位，就代表承运人和托运人双方达成了关于货运的约定。

（2）接受托运申请。货物的所有者或代理人向船舶公司发出订舱的需求后，船舶公司会综合航线、港口、船只、货运条件等因素考虑是否能够满足对方的需求，之后再对能否接受订舱申请做出决定。

（3）接货。船舶公司会在各个装货港口的指定地点，一般多是码头仓库安排代理人专门负责接受托运来的货物，双方办理过相关手续后，便按照货物的数量、特性、外包装、卸货港及卸货的顺序来集中分类整理货物，以备装船。

（4）换取提单。托运人如向承运方换取提单，需凭签署过的场站收据，换取后，可去银行结汇。

（5）装船船舶未到港前，船舶公司及码头计划室就需要提前对本次装运的货物制定装船计划，等船舶进港后，立即将需要运输的货物从仓库运输到船边，依照制定好的计划装船即可。

(6)海上运输。船舶公司对运输的货物应尽到安全运输、保管、照料的义务和责任,并按照货物运输提单约定的条款明确承托双方的责、权、利。

(7)卸船。货物卸船的方式和装船大致类似,基本都是先集中卸货,然后在仓库交付的形式。

(8)交付货物。船舶公司交付货物时,收货人需要出示提单,并需要支付所有的运费以及相关的其他费用。其他费用指货物运输过程中产生的由船舶公司先行垫付的保管费用、搬运费用以及可能产生的海损分摊费用及海难救助费用等。假如收货人没有结清这些费用,则承运方有权根据提单上约定好的留置权条款规定,不交付货物,直到对方结清所有费用才交付。但假如收货人拒不支付而导致货物不能交付,船舶公司则可向卸货港当地法院提出申请,拍卖卸下的货物,用卖货获得的收益抵扣收货人应支付的费用。

(二)租船运输业务程序

租船运输业务程序主要经过询价、报价、还价、接受、签订租船合同等环节。

(1)询价。询价又称"询盘",通常是由承租人以其期望的条件通过租船经纪人在租船市场上要求租用船舶的行为,即货求船。询价一般以书面形式提出。

(2)报价。报价又称"报盘"或"发盘",是船舶出租人对承租人询价的回应。报价的主要内容除了对询价的内容做出答复和提出要求外,关键在于租金的水平以及使用的船舶租赁合同范本、根据实际情况对范本既定条款进行修改与补充等。实盘和虚盘是报盘的两种形式,报盘条件不做改变并有附加时效的报盘被称作实盘,虚盘则指的是价格可商量,有修改余地,也称为"条件报价"。

(3)还价。还价和还盘是相同的概念,是说承租人对船舶所有人提出的报价条件不完全满意,而进行磋商、谈判、价钱商榷的过程。还价代表着承租人对之前报价的某种拒绝,同时新一轮询价也拉开帷幕。在接到还价的信息后,报价人需要对对方提出的还价条件进行回复,或者给出新的报价,这种行为被定义为"反还价",也就是"反还盘"。

(4)接受。接收的另一种说法就是"受盘",租赁双方经过多次的还价后,对租赁合同的相关条款保持意见统一,就是最后一次还价的内容在相应的时效内被双方认可就视为成交。依据国际惯例,双方达成一致后,船舶所有人和承租人需要签订相关的订租确认书。

(5)签订租船合同。确认书并非最终合同,而是意向合同,最终正式的租船合同要按照规范的合同范本来编制。合同中要约定好双方相应的权利和需要履行的义务以及违约责任等内容,承租双方签字盖章后便可生效。航次租船合同又被称为“航程租船合同”,其包含的内容众多:双方当事人名称、船籍、船舶概况、货品名称、装货港和卸货港的名称、装卸时间、运费明细、滞费及速遣费的约定,等等。双方签订过正式的合同后,船舶就可以按照合同约定的条件投入使用。

以上是租船和签订租船合同的一般程序。有时货主急于求船或船东急于求货就会使租船流程变得简单、直接,承租人将询盘省略,直接进入还盘,提出的承诺条件需要船东当场决定是否成交,经过紧急磋商达成共识,这就是所谓的“当场成交”。在这种情况下,作为承租人的货主当然要以较高的代价才能取得船舶所有人的承诺。

三、国际物流中海上物流运输

国际物流可以促进世界范围内货物的合理流动,使国际货物或商品的流动获得更高的收益;同时,国际物流还可以促进世界经济的发展和国家间的友好交往,并由此推进国际政治、经济格局的良性发展。国际物流的客观存在直接导致了国际物流运输的产生和发展。通过国际物流运输使商品的使用价值克服生产地点和消费地点上的分离从而创造物流的空间效益。

(一)国际物流中海上运输的主要形式

国际贸易中的物流运输大部分是通过海运完成的,只有少部分通过铁路、公路运输和航空运输完成。与国内物流运输一样,国际物流运输方式也是根据使用的运输工具不同来划分的,包括公路、铁路、航空、海运以及管道等形式,只不过在国际物流各种运输方式中,海上物流运输方式的地位最为重要。

国际海上物流运输,是指以船舶为工具,从事本国港口与外国港口之间或者完全从事外国港口之间的货物运输,即国与国之间的海洋运输。国际海上物流运输的基础设施主要包括海洋运输航线和运输港口两个基本要素。

(1)海洋运输航线。海洋运输航线，是指船舶根据不同水域、潮流、港湾、风向、水深等自然条件及社会、政治和经济因素，为达到最大的经济效益所选定的营运通道。开辟一条海上货运航线需要考虑的最基本的条件有自然条件、货源条件以及其他条件，如航线经过地区的政治稳定程度等。世界上主要的海洋运输航线有：北大西洋航线、北太平洋航线、苏伊士运河航线、巴拿马运河航线、南非航线、南美航线、南太平洋航线、加勒比海航线等。我国的重要航线主要有：中国香港航线、中国澳门航线、日本航线、澳大利亚航线、地中海航线、欧洲航线、北美西岸航线、北美东岸航线、中美洲航线等。

(2)海上运输港口。海上运输港口是供船舶停靠办理客货运输的场所，是进出口货物运输的出入口岸，也是海上运输和内陆运输之间的枢纽。世界上主要的港口有：鹿特丹、纽约、神户、汉堡、安特卫普、横滨港、新奥尔良港、休斯敦、新加坡、马赛港、伦敦港等。

(二)装运条款与海运提单

国际物流运输的装运条款和海运提单是从事国际贸易的企业和提供国际物流运输的承运人或代理人必须了解和掌握的内容，为了顺利地进行国际物流运输，装运条款的内容和要求要在合同中明确提出，运输单据的内容要正确、清楚和完整。

1. 国际海上物流运输的装运条款

在国际物流运输活动正式开展之前，买卖双方必须就交货时间、装运港(地)和目的港(地)、能否分批装运和转船、转运等问题进行协商，并在合同中具体明确各项装运条款。

(1)装运期。装运期是卖方根据贸易合同将货物装上运输工具或交给承运人的时间，又称“装运时间”，是买卖合同的主要条件。装运日期的提前和推迟，在法律上都构成违约。

(2)分批装运和转船。分批装运，是指数量较大的货物先后分若干批次装运。在大宗货物交易中，买卖双方根据交货数量、运输条件和市场销售需要等因素，可在合同中规定分批装运条款。转船，是指海洋货物装运后允许在中途港口转换其他船只,然后再驶往目的港。转船需要加收转船附加费。同时,运输时间还要延长,需要转船的交易应在合同中订立"允许转船"的条款。

(3)装运通知。装运通知是卖方向买方发出的货物已经装运的通知,是合同中加以约定的条款。它的主要作用是便于买方接卸货物和办理保险,便于明确买卖双方的责任,共同做好船货衔接工作。

(4)装卸时间、装卸率和滞期、速遣费条款。首先是装卸时间,装卸货物所需要并约定好的时间被称为装卸时间,通常会表示为小时数或者天数。其次是装卸率,每天装卸货物的数量就是装卸率,通常按照习惯的装卸速度并根据实际情况来确定。最后是滞期费和速遣费,如果未能按照约定好的装卸时间将货物装卸完成,会有一定补偿金即"滞期费"。与之相反,如果保持较高的装卸率,提早完成装卸任务,缩短了船舶为装卸货物而停留在港的时间,船东将会按照相应的收益比例奖励给承租人,称作"速遣费",速遣费通常是滞期费的一半。船东和承租方在签订合同时,滞期费和速遣费都是按照每天若干金额表示,如未满整天,按照相应比例计算。

2. 国际海上物流运输的海运提单

国际物流运输单据是承运人收到承运货物后,签发给托运人的证明文件,是交接货物、处理索赔与理赔以及向银行结算贷款或进行议付的重要单据,单据中具体说明了国际物流运输中有关当事人的责任、权利和义务。国际物流运输单据主要有海运提单、航空运单、铁路运单以及邮政包裹收据等,其中最重要的是海运提单。

(1)海运提单的定义。海运提单又称"提单",是在海上物流运输中广泛使用的单证。海运提单是指用以证明海上物流运输合同和货物已经由承运人接收或装船,以及承运人保证据以交付货物的单证。海运提单的当事人包括承运人、托运人、收货人、被通知人和持单人等。

(2)海运提单的作用。在国际物流运输中,海运提单具有如下作用:

1)海运提单是运输合同的证明。托运人向承运人办妥了租船订舱的手续即表明双方运输合同的关系已经成立,而承运人向托运人出具的海运提单就成为双方运输合同的证明。

2)海运提单可以作为货物收据。海运提单是承运人签发给托运人的收据,表明已按提单上所记载的有关商品的标志、数量以及商品的表面状况收到了货物,并且有责任向收货人交付提单所记载的货物。

3)海运提单是一种物权凭证。海运提单代表的是物权,提单的转移也就代表了货物的转移。承运货物的船舶到达目的港后,提单的合法持有人有权凭海运提单要求承运人交付提单所载明的货物。

(3)海运提单的分类。海运提单种类繁多,可从不同角度分为不同的种类。

1)按照提单的抬头不同划分,海运提单可分为记名提单(在提单的收货人一栏内具体填写某一特定人或公司名称的提单)、指示提单(收货人一栏内填写"凭指示"或"凭××指示"字样的提单)和不记名提单(提单上的收货人一栏未写明具体收货人,只填写"持有人"字样,即货交提单持有人,或收货人一栏为空白)等。

2)按照提单的格式不同划分,可分为全式提单和简式提单。全式提单,是指正式印就格式的提单,既有正面记载的事项,又在背面详细列有承运人、托运人的权利义务条款。全式提单明确了承运人和托运人的权利义务,在国际贸易业务中应用广泛。简式提单,是指只有正面必要的记载项目而没有背面条款的提单。它与全式提单具有相同的法律效力,按惯例,银行可以接受这种提单。

3)按照提单有无不良批注划分,可将提单分为清洁提单和不清洁提单。清洁提单,是指在装船时货物的外表状况良好,承运人所签发的提单中记载"外表状况良好"或未作相反批注(货损、包装不良等)的提单。不清洁提单,是指承运人明确地对有关货物包装状况不良或存在缺陷等情况加以批注的提单。另外,按照货物是否已经装船划分,海运提单可分为已装船运单和备运提单;按照提单运输方式的不同划分,可分为直达提单、转船提单和联运提单等。

(4)海运提单的主要条款及其内容。在国际物流运输实务中,各大航运公司都订有自己的提单格式,但这些提单格式大同小异,都分为正面条款和背面条款两部分。提单的正面条款主要记载与货物和货物运输有关的事项,既有法定必须记载的,也有承运人出于自身业务需要而记载的。提单的正面条款记载的主要内容有:

1)托运人。一般是合同的卖方或信用证的受益人,也可以是除受益人之外的第三方。

2)收货人。即提单的抬头人。

3)被通知人。一般填写船到目的港后承运人的直接联系人,信用证项下一般填写开证申请人的详细资料。

4)收货地或装货港。

5)目的地或卸货港。

6)船名及航次。填写实际装船的船名和航次,如需转运,则填写工程船的船名。

7)唛头及件号。

8)货物的件数、包装种类和货物的描述。

9)货物的重量和体积。

10)运费和费用。一般只填写运费支付情况,不填写运费具体数额及计算方法,但信用证有规定的除外。

11)正本提单的份数。

12)承运人或船长的签名。每张正本提单都必有承运人或船长的签章才能生效,任何承运人或船长的签署必须表明其为承运人还是船长等。

13)提单签发的地点与日期。提单签发的地点为货物实际装运的港口和接受监管的地点。提单的背面条款是事先已印好的条款,主要规定了承运人和货方之间的权利、义务、责任豁免,这些规定在双方出现争议时将成为重要的法律依据。一般来说,提单的背面条款主要包括以下内容:①定义条款。它对提单中的关键词加以定义和限定。②首要条款。它主要规定提单所适用的法律受何种国际公约、协议的约束,说明提单内有关运输事项的解释权。③管辖权条款。管辖权条款规定了解决提单或由提单引起的争议的适用法律与有权管辖法院。④承运人的责任和豁免。该条款规定了承运人所承担的责任及所享受的免责事项,一般都以所依据的法律或公约概括加以规定。⑤承运人责任期间条款。⑥绕航和变更航线条款。该条款规定了哪些属于正常绕航和变更航线,哪些属于不合理绕航和变更航线。⑦舱面货、活动物和植物条款。它是规定承运人对这三种物品是否承担风险的条款。⑧共同海损条款。它规定发生共同海损时将在什么地点、按照什么规则计算共同海损。⑨留置权条款。留置权条款规定对于承运人应收未收的费用,可对货物或任何单证行使留置权,并有权出售或处理货物以抵偿应收款项。⑩运费和其他费用条款。它主要规定运费支付方式、时间、币种和计算方法。? 其他条款。如包装和唛头条款、自由转船条款、托运人错误申报条款、危险品和违禁品条款、冷藏货条款、美国条款、承运人赔偿责任限额条款以及诉讼期限条款等。

(5)海运提单的签发与流转。海运提单的签发和流转是一项非常重要的工作,提单签发的正确与否、流转的速度都关系各当事方的切身利益。

1)提单的签发。向托运人签发提单是船公司的一项重要业务,提单内容正确与否将直接关系承运人的切身利益,也会对托运人和收货人产生重要的影响。提单的签发人一般是船长、承运人和其代理人。提单的时间至关重要,在正常情况下,提单的签发人在提单的装船日期一栏填上货物装船的日期,然后签名盖章。提单有正本和副本之分。在国际物流运输业务中,承运人在签发提单时,通常都签发若干份正本提单,并将所签发正本提单的份数记载于提单的正面,注明"original"字样。承运人一般签发三份正本提单,各份提单均同等有效。但是,其中的一份提单用于提货后,其他各份提单即告失效。

2)提单的转让。提单与汇票一样是可以进行转让的。提单的转让意味着货物所有权由原提单持有人转移到提单的受让人手中,这一过程通常通过背书来实现。

3)提单的流转。提单的流转一般要经过租船、签发提单、制单结汇、付款赎单、凭单放货等几个步骤。通过这样的程序,代表物权的提单就顺利地从出口商的手中流转到进口商的手中,实现了物权的转移。

第四节 航空货物运输

一般所称的"航空"泛指飞行器在地球大气层内的航行活动。通用航空则是指使用民用航空器从事公共航空运输以外的民用航空活动,包括从事工业、农业、林业、渔业和建筑业的作业飞行以及医疗卫生、抢险救灾、气象探测、海洋监测、科学实验、教育训练、文化体育等方面的飞行活动。

一、航空物流运输的认知

(一)航空物流运输的构成要素

航空物流运输又称“飞机运输”,它是在具有航空线路和航空港的条件下,利用飞机等运载工具运送货物的一种运输方式。技术设施是实现航空物流运输的物质基础,航空物流运输的构成要素包括航空器、航空港、航空线路和通信导航设施四个部分。

(1)航空器。航空器主要是指民用飞机,民用飞机是指用于从事客货运输的非军用飞机。民用飞机根据起飞重量分为大型、中型和小型飞机三种,按航程分为近程、中程和远程飞机三种,按用途则可分为客机和货机。在航空物流运输领域内,除使用飞机外,还使用可以垂直起降和空中悬停的旋翼机(即直升机),其营运成本比飞机高,但可以执行飞机无法执行的任务,如抢险救灾等。

(2)航空港。航空港是航空运输机场及其服务设施的总称,一般由飞行区、客货运服务区和机场维修区三个部分组成。机场是供飞机起飞、降落、停放及维修等活动的场所,也是旅客、货物、邮件的集散地。跑道是供飞机起飞加速和着陆时减速滑跑用的带状地面,是航空港的组成部分之一。按照所处的位置不同,航空港可以分为干线航空港和支线航空港。按业务范围来分,航空港可分为国际航空港和国内航空港。国际航空港的建立需经政府核准,可供国际航线的航空器起降营运,空港内配有海关、移民、检疫和卫生机构;国内航空港仅供国内航线的航空器使用,除特殊情况外不对外国航空器开放。

(3)航空线路。航空线路又称“航线”,是根据地面导航设施建立的走廊式保护空域。航线的划定是以连接各个地面导航设施的直线为中心线,在航线范围内规定上限高度、下限高度和宽度,对在其范围内飞行的飞机实施空中交通管制。

(4)通信导航设施。通信导航设施是沟通信息、引导飞机安全飞行到达目的地并安全着陆的设施。航空物流运输的主要特点是快速、灵活。与其他运输方式相比,航空物流运输中的运输工具(即飞机)可以与地面设施(机场)分离,而且不受地形限制。因而,航线选择较为自由,灵活性较高,用途也比较广泛。

(二)航空物流运输的特点

1.航空物流运输的优点

航空物流运输虽然起步较晚,但发展异常迅速,并日益受到现代企业管理者的青睐,原因之一就在于它具有许多其他运输方式所不能比拟的优越性。概括起来,航空货物运输的主要优点有:

(1)快速省时,可达距离长。飞机是世界上最快的一种运输工具,航空物流运输可以节约运输时间,而且飞行距离越长,所能节约的时间就越多。这是其他各种运输方式所无法比拟的。随着技术的发展、机型的更新,航空物流运输速度快的特点将越来越显著,如目前使用的涡轮喷气飞机时速为9000多公里,飞行距离可达10000多公里。货物在途时间的缩短,对于那些易腐烂变质的鲜活商品、时效性强的报刊、节令性商品以及抢险、救急品的运输就显得尤为重要。运送速度快、在途时间短,也使货物在途风险降低。因此,许多贵重物品、精密仪器往往采用航空物流运输的形式。

(2)不受地面条件影响,灵活机动。航空物流运输是在空间进行生产活动的,受线路和地理条件制约的程度要小得多,只要有机场及必备的通讯导航设施就可以开辟航线。对于地面条件恶劣、交通不便的内陆地区,发展航空物流运输有利于当地资源的出口,从而促进当地经济的发展。航空器可在两点间直线飞行,航程大为缩短,而且运程越远,节约航程的特点就越显著。

(3)安全度高。与其他运输方式相比,航空物流运输的安全性较高,货损也小得多。

(4)节省存货、包装等费用。采用航空物流运输方式,由于航空运送速度较快、货物在途时间短、周转速度快、资金可迅速收回、企业存货可以相应的减少,所以节省利息和储存费用,加上航空货物运输安全准确,货损、货差少,可节约包装及保险费用。

(5)手续简便。航空物流运输为托运人提供了简便的托运手续,也可以由货运代理人上门取货并为其办理一切运输手续。

2. 航空物流运输的局限性

航空物流运输也有自己的局限性，主要表现在以下方面：

(1)载运能力低。航空运载工具——飞机的机舱容积有限，这就造成航空物流运输的载运能力较低，对大件货物或大批量货物的运输有一定的限制。

(2)运费高。因飞机的机舱容积和载重能力较小，所以，单位运输周转量的能耗较大。另外，机械维护及保养成本也很高。这些因素导致航空货运的单位运输成本很高。

(3)受气候条件限制较大。航空物流运输对气候条件要求很高，飞机飞行容易受恶劣气候影响，从而影响运输的准点性与正常性。

(4)可达性差。在通常情况下，航空物流运输都难以实现客货的"门到门"运输，必须借助其他运输工具转运。

虽然存在着上述局限，但随着新技术的广泛应用，产品更加轻薄、小巧和高价值，管理者也更加重视运输的及时性和可靠性，航空物流运输将会有更大的发展空间。

(三)国际航空物流的货物运单

国际航空货物运单是由承运人或其代理人签发的重要货物运输单据，它是必备的报关单证之一，也是收货人核收货物的依据及承运人处理内部业务的依据。当托运人要求承运人代办保险时，它还可以作为保险证书。但它不具有物权凭证的性质，不能转让也不能据以提货。

航空运单是航空物流运输的主要单据，是航空承运人与托运人之间缔结的运输合同的书面凭证，也是承运人或其代理人签发的接受货物的收据。

航空运单根据签发人的不同，可分为航空主运单和航空分运单。航空主运单由航空公司签发，航空分运单由航空货运代理公司签发，两者的内容和法律效力基本相同。

(1)航空主运单。凡由航空公司签发的航空运单均称为"航空主运单"。它是航空公司据以办理货物运输和交付的依据，是航空公司和托运人之间签订的运输合同。每一批航空物流运输货物都应有相应的航空主运单。

(2)航空分运单。航空分运单是由航空货运公司在办理集中托运业务时，签发给每一发货人的运单。在集中托运的情况下，除了航空公司要签发给集中托运人主运单之外，集中托运人还必须签发航空分运单给每一托运人。

(四)航空物流运输的主要方式

航空物流运输主要有班机运输、包机运输、集中托运和航空急件传送等四种方式。

(1)班机运输。班机运输，是指在固定的航线上定期航行的航班，这种飞机有固定开航时间、始发站、到达站和经停站。一般航空公司都使用客货混合型飞机，一些较大的航空公司也在某些航线上开辟有全货机航班运输。客货混合飞机的货舱容量较小、运价较贵，但由于航期固定，所以有利于客户安排鲜活商品或急需商品的运送。

(2)包机运输。包机运输，是指航空公司按照约定的条件和费率，将整架飞机租给一个或若干个包机人(如发货人或航空货运代理公司)，从一个或几个航空站装运货物至指定目的地的运输方式。包机运输又可分为整架包机运输和部分包机运输两种形式。整架包机运输就是航空公司将整架飞机租给租机人，部分包机运输就是由几家航空货运代理公司或发货人联合包租整架飞机，或者由包机公司把整架飞机的舱位分租给几家航空货运代理公司。

(3)集中托运。航空集中托运，是指航空货运代理公司把若干批单独发运的货物组成一批向航空公司办理托运，填写一份总运单，将货物发运到同一目的站，由其委托当地的代理人负责收货、报关，并将货物分批交给各收货人的一种运输方式。由于航空运输按不同的重量标准确定不同的运费率，运量越多、费率越低。因此，采用这种托运方式可降低运费，在航空运输中使用较为普遍。集中托运通常采用班机或包机运输方式。

(4)航空急件传送。航空急件传送是由一个专门经营此项业务的机构与航空公司密切合作，设专人用最快的速度在货主、机场、收件人之间传送货物。航空急件传送是一种最为快捷的运输方式，被称为“桌到桌运输”，特别适用于急需的药品、医疗器械、贵重物品、图纸资料、货样及单证等的传送。

二、航空物流运输作业流程

航空物流运输过程大致由货物收集、进港、运送、到港和交货等一系列的业务活动组成,它可以分为两部分:一是以货物收集为中心任务的货运市场组织和管理;二是以货物运送为中心任务的进港货物运送和货物出港交付过程。航空物流运输的任务就是承运人按照货运单上标注的发运日期和航班要求,组织运力将承运的货物运达目的地。

(一)航空货运市场组织货源

航空货运市场组织货源主要有直接销售、代理销售和联运三种方式。

(1)直接销售。航空运输企业通过自己的营业处或收货站,直接进行航空货运业务的销售。从事直接销售的业务点一般分布在运量较大的城市。直接销售的优越性是能够直接控制市场,减少中间环节,提高销售利润。

(2)代理销售。代理销售,是指销售代理人根据与航空公司之间的协议,代表航空公司销售空余吨位,并按照协议收取代理费用。实际上,航空公司的相当一部分货源是通过代理人组织的。航空公司可以寻求多个销售代理人,销售代理人也可以同时代理多家航空公司的货运销售业务。

(3)联运。由于一个航空公司能够提供服务的航线有限,所以对于本身不能运达的部分航线,航空公司之间可以采用联运方式进行服务。这种服务是有偿的,上一个承运人即为下一个承运人的销售代理人,他们之间通过协议方式分配销售收入。事实上,航空公司为了扩大自己的市场范围,常常通过与其他航空公司签订代理协议,成为其他航空公司的销售代理人。

(二)航空货物运输计划

航空公司制定的物流运输生产计划主要包括运力计划、运输量计划、周转量计划、收入计划以及综合计划等。

(1)运力计划。运力计划是在市场调查和预测的基础上,根据公司飞机运力情况,预期市场目标和市场份额,拟定投入航线的机型、航班数,也就是计划航线的可提供吨位。

(2)运输量计划。运输量计划是根据现有的市场需求量,预测航空公司可提供吨位和历史生产完成情况等,计划公司在每条航线上的运输量及总运输量。

(3)周转量计划。周转量计划是根据航线、航班计划和运输量计划,制定每条航线的运输周转量计划和总周转量计划,也就是航线的运输计划。

(4)收入计划。收入计划有时也称为“发运收入计划”,是航空公司货运的主要收入计划,也是编制货运财务计划的主要依据之一。制定收入计划通常有两种方法:①根据周转量制定;②根据运输量计划和运输费率制定。其中,航空物流运输的费率除考虑航线差异之外,还要考虑货物的类型、运输量、价格调整系数等因素。所以,航空物流运输费率一般是根据历史平均费率和计划期费率调整情况确定的一个估算值。对于包机运输来说,运输收入则根据运输量计划中包机的飞行小时乘以包机费率得出。根据以上方法计算的各航线货运收入之和,即为航空公司计划年度的货运收入计划。

(5)综合计划。将各分类计划的有关总量指标汇集在一起,形成运输综合计划,以反映公司计划年度的主要运输指标、收入指标和发展情况。

(三)货物进出港的生产组织与管理

货物的进出港是一个组织严密的生产过程,有严格的工序控制和时间要求,涉及的部门多,需要统一组织和协调,密切合作,共同完成。

航空物流运输市场销售部门接收的交运货物,一般在机场组织进出港生产。航空公司通常委托航线机场进行货物进出港组织和管理,大型航空公司一般在基地机场自行组织货物进出港生产。旅客航班的航空货运生产工序和定时与客运同步进行,以保证航班正点。航空物流运输的每一道工序都有严格的操作规范要求和质量指标,包括载重标准、舱位标准、安全标准、完好率等。

(四)航空货物运输的吨位控制与配载

民航旅客运输通过座位控制和运价政策来提高乘坐率。航空货物运输则不一样,需要通过吨位控制来提高载运率。换言之,货运既要考虑货物的体积,还要考虑货物的重量。因此,吨位控制的任务是通过舱位预订与分配提高货舱的载运率,避免吨位浪费或装运过载。由于航空物流运输可以采用全货机或客货混装型飞机运输。因此,吨位控制和配载管理的原则不完全相同。

(五)航空物流运输组织程序

1.航空物流运输中应办理的手续

航空物流运输需要办理以下手续:

(1)填交货物托运单。托运人要将货物托运单填写并提交给承运人之后才能托运货物,同时按照国家相关规定上交所需的有效证明文件。对托运单中的内容,托运人要保证其是正确且真实的。承运人在认可托运人的货物托运单之后会填写并提交发货运单,这时双方的航空货物运输合同才算正式成立。

(2)填交包机申请书。托运人只有在填写并提交包机申请书之后才能包机运输货物。航空包机货物运输合同成立的前提是托运人和承运人已经签订包机运输协议书。

(3)包装。托运人应根据国家规定包装需要托运的货物;运输安全是包装标准要秉持的原则,此外在包装时还要考虑承载飞机和货物性质,其他并不做统一规定。承运人可以对违反包装要求的货物予以拒绝。

(4)粘贴包装储运标志。托运人除了要根据国家相关规定在货物上粘贴包装储运标志,还要将托运人和收货人的姓名、单位、地址以及发站和到站标在货物上。

(5)保险。托运人要按照国家规定为需要购买保险的货物购买货物运输险。

(6)缴费。民航主管机关会对托运人需要支付的相关费用做出规定。承运人在开具货物运单时需要托运人结清所有费用,双方另有协议除外。

(7)提货。在货物达到目的地之后,承运人要通知收货人,时间不得超过 24 小时,收货人在提取货物时需要出示提货证明。从到货通知发出的第二天开始,货物会获得 3 个月的免费保管期限,如逾期,收货人需要根据规定支付保管费。

(8)签收。收货人在提取货物时,对货物质量或重量无异议,并在货运单上签收，承运人即解除运输责任。

2.航空物流运输中货物包机、包舱运输手续

(1)货物包机运输。托运人凭单位介绍信或个人有效证件与承运人联系，双方在包机运输条件达成一致之后签署包机合同。包机合同中会明确说明双方需要履行的责任和义务，包机人和承运人必须遵守。托运书和货运单是每架次货物包机的运输凭证，需要双方在履行包机合同的过程中填写。双方在选择押运员时可以参考货物性质，押运员在办理机票时需要出示包机合同。包机人可以自由使用包用飞机的吨位，但承运人只有在包机人同意之后才能使用包机剩下的吨位。除天气和自然灾害等不可抗力因素外，双方在签订包机合同之后必须履行其中的经济责任。根据包机双方协议，包机人要向承运人支付相关费用。包机人要承担变更包机之前已经产生的相关费用。

(2)货物包舱运输。申请货物包舱运输的合同签订及双方应当承担的责任和义务参照包机的有关条款办理。

第五节　管道货物运输

一、管道货物运输的优缺点与作业流程

管道货物运输是指用加压设施加压流体(液体或气体)或流体与固体混合物，这种运输方式利用的是管道。油田伴生气、天然气、油品(原油或成品油)、煤浆以及其他矿浆都可以通过管道进行输送。相比于其他运输方式，管道货物运输所用的设备是不能移动的，管道内的物体会在压力的作用沿着既定方向移动到目的地。

(一)管道货物运输的优缺点

1. 管道货物运输的优点

与其他运输方式相比,管道货物运输方式特别是长距离管道运输方式,具有以下优点:

(1)可连续输送、运量大。管道运输属于封闭式输送,基本能够做到全年无休,而且物料不会在运输过程中出现损耗。管道的输送管径有大有小,这些大小不一的输送管径可以每年运输百万吨、千万吨以及亿吨的物料。

(2)安全可靠、连续性强。易挥发、易燃、易泄露以及易爆是石油天然气的特征,管道运输石油天然气不仅非常安全,还能够降低损耗,同时降低因泄露给环境带来的污染,简单来说,管道运输符合运输工程提出的绿色化标准。不仅如此,管道通常都位于地下,所以气候的变化不会对运输过程产生较大的影响,能够长时间地保证运输系统的稳定性。

(3)耗能少、成本低、效益好。管道运输石油产生的能耗要远远低于铁路,运输成本无限靠近水运。因此,当有水条件不被满足时,最佳的运输方式就是管道运输。管道运输不会出现空载行程,它是连续性的,所以有着很高的运输效率。管道运输的成本会随着运输量、运输距离以及管道口径的增加而减少,这是经过理论和实践证实的。

(4)永久性占用土地少。运输管道不会占用很多的土地,因为它基本都埋藏在地下。因此,为了不浪费土地资源,管道运输方案往往是交通运输规划系统的首选。

(5)建设周期短、费用低。从建设周期来看,管道运输系统要明显短于铁路。例如,中国只花费了23个月就建成了大庆至秦皇岛的输油管道,其全长为1152公里,但却要用不少于3年的时间建设一条有着相同运量的铁路;我国只用了不到2年的时间就建成了新疆至上海的天然气运输管道,其全长为4200公里,但却要用3年以上的时间建设一条有着相同运量的铁路。而恶劣的地质地貌和气候条件不仅会大大增加修建铁路的难度,还会延长建设周期。

2. 管道货物运输的缺点

(1)只能运输特定的物料。管道运输系统只能输送特定的物料,如石油、天然气、特定的粉状或粒状物料(精矿、矿石、煤或其他固体物料),运输功能比较单一,不像其他运输方式可以进行大多数物资的运输和客运。

(2)只能进行定向定点运输。管道运输系统只能运输大宗、特定、适于管道运输的物料,不像其他运输方式可以进行双向不定点的物资运输。不论是输送石油、天然气还是粉粒状物料,对物料的质量均有严格的要求。管道运输系统的敏感性强、应变能力低,因此要求严格控制物料的特性,浆体管道输送的物料,只允许输送与水混合后不会产生物理性质和化学性质变化的颗粒状物料。

所谓定向定点运输,是根据用户对物料的质量、数量与需求频率的要求,以合同形式确定。根据用户的分布情况,确定一个或几个输送系统,每个输送系统可以向一个或几个用户输送物料。这要根据市场调查,通过技术经济比较进行确定。

(3)输送能力不易改变。每个管道运输系统的输送能力一经确定,输送系统的设备和管道就是确定的,不易改变。如果要增加输送能力,就必须增加设备和管道的输送能力,这通常是很困难的。因为要增加输送能力,管道的承压力就要提高,设备的输送压力也要随之提高,采用原有的设备和管道在技术上是行不通的,只好另建管道运输系统。这不同于其他的运输方式,如铁路运输,为提高运输能力,可通过提速、改变机车等措施解决。

(4)浆体需脱水处理。浆体管道输送的物料到达终点后,需进行脱水(过滤甚至干燥)以供客户使用。

(三)管道货物运输适用的作业流程

管道货物运输是随着石油工业的产生而产生和发展的。它是一种特殊的运输方式,从运输形态上看,它并不同于普通货物。油气、石油、煤浆以及某些化学制品原料等都可以通过管道进行运输,因为这些货物符合管道运输单向、定点的特征。现代管道不仅增加了管道直径和管道里程,还提升了泵功率,这让管道运输有了更大的运量和更快的周转速度。矿砂、矿煤浆以及原油、化学品、石油成品、天然气等都在现代管道的运输范围内。此外,矿石、粮食以及邮件等固态货物在经过包装之后也能够通过管道进行运输。

二、管道货物运输的实务

(一)管道货物运输的类型划分

1.根据输送物品类型划分

运输管道按所输送的物品不同可分为:原油管道、成品油管道、天然气管道和固体浆料管道(前两类常统称为油品管道或输油管道)。

(1)原油管道运输。长运距、大运量、少收油点和交油点是原油管道运输的特征,原油会从油田经管道运输到炼油厂、港口和铁路车站。分离管道运输是原油常用的运输方式,有着固定流向、长运距以及大运量的单种货物都适合使用分离管道运输。

(2)成品油管道运输。成品油管道是输送经炼油厂加工原油提炼出来,可直接供使用的燃料油,如汽油、煤油、航空煤油、柴油,以及液化石油气等。由炼制加工生产最轻质到重质的燃料油等,都是成品油管道输送的介质。成品油管道是等温输送,没有沿途加热的问题。成品油管道的特点在于有众多的不同的油品,如煤油、汽油、柴油、航空煤油以及各种不同标号的同类油品,顺序输送,并要求严格区分,保证油品质量。由于成品油管道是多来源、多品种顺序输送,其管理的复杂程度远超原油管道。成品油管道连通多个煤油厂,所生产的油品可进入同一管道,同时直接向沿线的各大城市及乡镇供应成品油。

(3)天然气管道运输、输送天然气和油田伴生气的管道,包括集气管道、输气干线和供配气管道。就长距离运输而言,输气管道是指高压、大口径的输气干线。这种输气管道约占全世界管道总长的一半。

(4)固体浆料管道运输、固体浆料管道运输是将固体粉碎,掺水制成浆液,再用泵按液体管道输送工艺进行输送。固体浆料运输需要消耗大量的水资源,而且在运输终端又要将水进行分离和净化,这将提高管道运输的成本和技术难度。

2. 根据用途类型划分

(1)集输管道。集输管道(或集气管道)是指从油田井口装置经集油(气)站到起点的管道,主要用于收集从地层中采出的未经处理的原油(天然气)。

(2)输油(气)管道。以输气管道为例,它是指从气源的气体处理厂或起点压气站到各大城市的配气中心、大型用户或储气库的管道,以及气源之间相互连通的管道,输送经过处理符合管道输送质量标准的天然气,是整个输气系统的主体部分。天然气依靠起点压力站和沿线压气站加压输送,输气压力为 70 ~ 80 kgf/cm^2,管道全长可达数千公里。

(3)配油(气)管道。对于油品管道而言,它是指在炼油厂、油库和用户之间的管道;对于输气管道来说,它是指从城市调压计量站到用户支线的管道,其压力低、分支多、管网稠密、管径小,除大量使用钢管外,低压配气管道也可用塑料管或其他材质的管道。

(二)管道货物运输的生产管理方法

管道运输生产管理指的是通过相应的技术手段管理和指挥管道运输,确保管道的平稳性、安全性,让管道能够长时间运行,进而将经济效益最大化。其中,管道输送计划管理、管道输送技术管理、管道输送设备管理以及管道线路管理都属于管道运输生产管理的内容。

(1)管道输送计划管理。制定管道输送计划是为了更好地生产,在制定过程中不仅要考虑管道的运输任务,还要考虑管道设备的状况。管道输送计划管理一方面要制定包括月计划、周期计划以及批次计划等在内的年度计划,然后以此为基础制定管道的运行、输入、输出、分输以及配气计划;另一方面,设备维护检查计划以及辅助系统作业计划也是必不可少的。

(2)管道输送技术管理。为了最大程度地优化管道生产,管道输送在选择工艺流程、输送方式以及管道运行参数时要考虑货物的特性。对管道运行参数进行调整和控制、分析不同的输送条件以及检测管道运行情况都在管道输送技术管理的范围内,以最大程度地降低能耗,扩大输送效能。此外,必须及时解决输送中产生的各种技术问题。管道日常调度既可以完成管道输送技术管理,又可以完成管道输送计划管理。

(3)管道输送设备管理。为了管道的平稳运行,必须维护和修理管道站以及管道库的各种设备。管道输送设备管理有以下几点内容:对设备运行情况进行记录,登记各种设备状况并分级,制定维护和修理设备的计划,更新和保养设备,改造旧设备。

(4)管道线路管理。为了不让自然灾害等因素对线路造成破坏,就要管理管道线路。管道线路管理有以下几点内容:定期检查线路,检查和维护管道的防腐层以及渗漏情况,更换和维护管道线路设备,组织紧急抢修管道作业,维修线路设施,清理管道,对管道进行放气和排液,对管道线路进行抗震管理等。

(5)管道运输生产管理的检测与监控。管道运输的货物常常有易爆、易燃、易沉淀以及易凝的特征,而且管道运输有很多的站和库,运输线路也很长。这就意味着要有管道流体计量、管道检控和管道通信等检控技术设备用于管道运输生产管理。

(三)新兴的管道运输形式

自来水输送系统、煤气或天然气输送系统、污水排放系统以及工业石油输送系统等都是管道货物运输在当下常见的业务。但随着技术的发展,固体货物也可以用管道运输进行运输,如邮件、矿石、煤炭、垃圾等。管道货物运输业务可以通过以下几种方式运输固体货物:

(1)水力管道运输。在水里放入的煤、矿石等固体必须呈粉末状或小块状,它们会随着管内的水流运行到目的地。压力水泵站会分布在管道沿线,始终保证管内有足够的水压和水速。管道运输会在调度室的控制下完成,调度室位于管道起点。分离站设置在管道终点,其作用是分离货物与水,并对货物进行脱水和干燥处理,方便其入库。水力管道运输无法输送不能接触水的货物,而且会对固体货物产生不小的损耗,这是其劣势所在。

(2)水力集装箱管道运输。从运输原理上看,水力集装箱管道运输与水力管道运输并无区别,其不同之处在于,水力集装箱管道运输要先通过装料机在圆柱形集装箱内装入货物,再通过水流运送集装箱。接收站会分布在管道终点,卸出货物的空箱会从另一条输送管道返回起点。水力集装箱管道运输不仅会降低货物的损耗,还会减少对管道的磨损。

(3)气力集装箱管道运输。气力集装箱管道运输使用的并不是高压水流,而是高压气流。其运输速度非常快,可以达到每小时 20 ~25 千米,因为集装箱在大的气流压力下会随着管道壁往既定方向快速运行。通过电子技术自动控制的调度室、装货站以及卸货站分布在管道的起点和终点。建筑材料、矿物、信件、邮包以及垃圾都可以通过气力集装箱管道进行运输。其缺点在于需要较大的动力,集装箱要有良好的耐压技术。

(4)真空管道气压集装箱运输。抽气站和压气站会分布在真空管道的起点和终点,集装箱前面的空气被吸出,然后在后面输入空气,集装箱在一吸一推下就可以顺着管道运行。真空管道气压集装箱运输无需较多的动力,但要求箱体和管壁必须光滑且高度吻合。

(5)电力牵引集装箱管道运输。集装箱会在电力传送带或缆索的带领下运行在管内,依靠的并不是水流或气流。这种管道可以选择廉价的材料,因为该方法不会对管道造成压力。

三、管道货物运输的系统与养护

(一)管道货物运输系统

管道货物运输系统与其他运输系统具有很大的差异性,其中最主要的差别在于:在管道运输系统中,运输工具是固定的,不需要凭借运输工具的移动来完成运输任务。管道运输系统的基本设施包括管道、储存库、压力站(泵站)和控制系统中心。

(1)管道。管道是管道运输系统中最主要的部分,它的制造材料可以是金属、混凝土或塑胶,这完全由输送的货物种类及输送过程中所要承受的压力大小决定。

(2)储存库。由于管道运输的过程是连续进行的,因此管道两端必须建造足够容纳其所承载货物的储存槽。如果运输线路很长,有必要在整条线路上加设若干个储存槽,以保证运输的弹性,加强对运量的控制和管理。

(3)压力站。货物经由管道从甲地输送到乙地,必须靠压力来推动,压力站就是管道运输动力的来源。一般管道运输压力的来源有气压式、水压式、重力式以及最新的超导体磁力式。通常气体的输送动力靠压缩机提供,这类压力站彼此的设置距离一般为 80~160 千米,液体的输送动力来源则靠泵提供,这类压力站彼此的设置距离为 30~160 千米。

(4)控制系统中心。控制系统中心是指对管道运输的过程进行控制和管理的机构和设备设施,其任务是控制运量、调整泵站压力、计量货物、协调运输过程等。管道运输虽具有高度自动化,但它仍需要有良好的控制中心,并配合现代的监测器和熟练的管理与维护人员,随时检测、监视管道运输设备的运转情况,以防止意外事故发生时所造成的漏损及危害。

(二)管道货物运输中管道的养护

(1)管道防腐技术。管道运输系统中管道和储罐的腐蚀,不仅会造成因穿孔而引起的油、气、水跑漏损失与污染,在维修时还会出现材料和人力的浪费,而且还可能引起火灾与爆炸。针对发生腐蚀的原因,通常可采取下列措施:①选用耐蚀材料,如聚氯乙烯管、含钼和含钛的合金钢管等;②在输送或储存介质中加入缓蚀剂抑制内壁腐蚀;③采用内外壁防腐绝缘层,将钢管与腐蚀介质隔离;④采用阴极保护法。目前,国内外普遍采用的经济可靠的方法是:防腐绝缘层加阴极保护的综合措施。

(2)管道清洗技术。管道运输是原油、天然气最主要的运输方式。但因油、气中含有各种盐类、硫化物及其他杂质,管道经长期运行而造成结垢、被腐蚀等影响生产的因素,因此,需对管道进行清洗和修复。目前,管道清洗技术主要分为三大类:物理清洗法、化学清洗法、物理和化学结合清洗法。物理清洗与化学清洗结合使用已成为当今清洗技术发展的一种趋势,现已开发出多种实用的复合清洗技术,可获得最佳的效果。

第五章　现代运输经济面临的困境及优化策略

第一节　公路运输经济面临的难题与改善措施

一、公路运输经济发展面临的难题

市场经济的发展对公路运输提出了新的要求，公路运输的经济管理要点随之改变。但是现在的公路运输经济急需解决以下问题：

第一，缺乏资金供应量。随着交通事业建设的进度加快，水平不断提高，公路运输经济也得到了长足的发展。但随着公路运输经济的发展规模越来越大，交通线路的逐渐增加，资金缺口也越来越大，因为缺乏资金，部分地区基础交通的建设进度逐渐减缓。尤其明显的是山地、丘陵地区，地形复杂使得交通建设难度增加，交通施工量大，人力物力财力的需求大，资金不能及时供应，阻碍了基础交通事业的建设与发展。

第二，交通网络建设安全性不够高。安全是交通运输的生命线，在安全的基础上，交通运输的效率和速度才有意义。安全包括两个层面，一是人身安全，二是货物安全。分析我国的公路运输发展史中可以看出，安全性一直是我国公路运输的突出问题，我国现阶段，因经济发展对交通线路提出更高的需求，大量的公路运输量使得交通事故率一直居高不下，既给人民的生命财产带来了损失，也造成了不好的社会影响。安全问题的主要原因是从事公路运输的企业和司机安全意识不高，在运输过程中有违反安全规定的行为造成安全隐患,常见的有超载、疲劳驾驶等问题。

第三,公路运输行业服务水平较低。公路交通运输是交通运输行业重要的方式之一,人们的日常购物配送以及区域间经济贸易,都需要公路运输。可是人们的生活质量逐渐提高,有更高的生活品质需求,对交通运输方式也有更便捷、更好的服务要求。公路运输不断地提高行业的服务能力,使公路交通运输的服务能够更灵活、更个性化、更人性化。但是在现有各方面资源的条件下,尤其公路运输门槛低、时间长且受成本限制,公路运输行业从业人员整体的教育程度不高,后续的培训时间不多,缺少服务理念,所以,整体的公路交通运输服务都存在较大的问题,人们对公路运输服务的满意度不高。

二、公路运输经济的改善对策

第一,加大资金投入。充足的资金是公路交通运输经济发展的基础,是前提保障。随着我国交通运输的发展,交通基础设施的建设的需求也不断增加,这就需要更多的资金投入,交通基础设施是交通运输顺利的基本物质保障。为加强公路交通运输设施的建设,保障公路交通运输经济的发展,政府部门主要从两方面增加融资渠道,加大资金投入。一是规划道路建设,积极开设高速路、省级公路等项目的道路建设,满足本地经济发展同时也促进经济进一步发展。而且,增加项目建设过程中的技术投入,尤其是培养优秀技术人员,使公路交通运输过程中遇到的问题及时得到解决。二是政府部门主导,发行交通运输债券,使交通运输资金不足的问题得到缓解,而且这种方式可行性高,因为交通运输债券具有成本低、手续简单、发行方案丰富的特点。有一些地区已经尝试发行交通债券,证实了这种方式的有效性,缓解了当地的公路交通运输经济的资金问题。

第二,同步建设城乡公路、打破区域壁垒,加速公路交通运输均衡发展。我国道路建设中,城乡道路质量和建设水平有一定的差距,积极解决交通道路建设的问题,同步提升城乡道路质量,有利于促进全区域公路交通运输经济发展,推动整体经济水平发展。公路交通运输积极的发展同样受区域限制壁垒的影响较大,各区域间加大交流合作力度，打破限制壁垒，是地区经济发展的突破口，也能够促进交通运输不断优化途径，实现融合发展。

第三，保证公路交通运输安全。保障公路交通运输的首要条件是保证公路交通连续运输。与其他运输方式相比，公路运输的优势在于方便、灵活、快速、成本低。一些近距离的区域间的贸易，首选的运输方式就是公路交通运输。所以要在运输管理中增强运输企业和从业人员的安全意识，树立“100-1＝0”的安全观，从产品出库到产品送达最终目的地的整个运输过程中，每一个环节都要牢记安全意识，加强安全管理，保证运输物品安全无损地运达，更要保障从业人员的人身财产安全，尤其要求从业人员做到按照交通法规驾驶车辆，提高驾驶技术，不要有违规操作，更不能够疲劳驾驶。保障公路交通运输安全性的另一点就是要规范管理，在保障交通运输经济发展的同时加强规范化建设。规范化运输人员的操作行为，规范化公路交通运输市场。通过建章建制，制定细则规范化公路交通运输行为，减少安全隐患，打造安全的交通运输网络。

第四，打造“智慧公路交通运输”。随着科学技术的快速发展，公路交通运输也向着“智慧”方向发展，新一代的智慧交通网络充分利用了5G技术、物联网技术，成为新科技下的公路运输。就像人们借助网络处理日常事务一样，在公路运输的领域通过网络的使用，新时代的智慧交通运输信息服务体系得以建立，利用大数据技术、互联网追踪定位技术、人工智能技术，公路交通运输走向了智能化，有效地提升了运输的质量和效率。

第二节　铁路运输经济效益影响因素与提升路径

铁路运输是每个国家运输体系的重要内容，它对于各个行业、各个领域的发展以及提升居民的生活水平产生重要影响。对于国家经济的发展和社会的进步来说，铁路作出了巨大且重要的贡献。要想提升铁路运输方式的经济效益，一方面需要铁路行业内部鼓足干劲、协同合作，另一方面铁路自身要利用多样化的方式创造经济效益,如此一来,才能推动整个铁路行业的迅速发展。

一、铁路运输经济效益的影响因素

一是不当的财务管理。就提升铁路煤炭运输经济效益而言,最重要的影响要素之一是财务管理工作。在管理煤炭运输工作方面,铁路运输部门工作的侧重点在于增强力度抓好财务管理工作、提升经济效益、定期汇总煤炭运输财务信息并及时上报。铁路运输部门的领导层要对收到的财务信息及时查阅,对财务信息的变化内容及时了解,并且制定具有针对性的举措应对变化,对运营策略进行适当调整,将财务管理工作抓好、抓牢,推动运输成本的减少,从而实现经济效益的提升。

二是高昂的成本。对铁路运输的经济效益产生影响的另一个重要因素是成本核算,铁路煤炭运输也是一样,并且承担着运输国家煤炭的使命和重任。利用铁路运输的方式运输煤炭时会产生较大的机械设备消耗,而且该运输不能对运行成本随便节省,否则会对顺利开展检修车辆和轨道以及站台的工作产生不利影响,提高发生安全隐患的概率,最终导致无法实现铁路煤炭运输经济效益的提升。

就铁路运输经济效益的微观含义来说,是指利用铁路运输获得的经济成果,这便要求运营铁路运输的主要单位不断降低流动资金的占有比例,通过采取一系列节支增收的措施推动最大化经济效益的实现,这也是衡量某个具体项目铁路运输经济效益是否提升的重要因素。铁路运输经济效益的宏观含义是指,推动经济效益最大化目标的提升是建设铁路煤炭运输的重要基础,这是因为在经济社会中铁路运输占据了至关重要的位置。众所周知,我国国民经济物质生产的重要部门便包括铁路运输行业,让各个行业和领域对煤炭物质的需求得到满足是利用铁路进行运输的根本目的。

除此之外,铁路运输经济效益始终与社会效益保持统一,对某个具体项目利用铁路运输所产生经济效益的有效路径进行研究和探讨,要研究和分析财务管理和成本以及铁路运输在消费和生产以及流通过程中产生的影响,高度关注其中体现出的经济效益问题,并以此作为出发点,对铁路运输经济效益的提升方式进行研究和讨论

二、铁路运输经济效益的提升路径

(一)进行市场调研预测

铁路运输所面对的市场具有变幻莫测和千变万化的特征,想要在愈加激烈的市场竞争中获得一席之地,必须调研和预测市场,并与企业自身拥有的优势和特征相结合,实现经营方式的多样化和丰富化,立足于此,推动经营决策的科学化和正确化。同时,铁路运输行业具有特殊性,与汽车运输相比,铁路运输的优势在于长距离运输货物的价格比较便宜,劣势在于灵活性和方便性存在不足、地理位置的制约作用和单一的运输业务。要想突破瓶颈,企业自身要奋勇向前,做好准备,厚积薄发,将市场机遇把握住,对新的发展空间和方向不断追寻。

(二)提高服务质量

(1)激励约束机制的建立。为了提高企业的经济效益,在企业内部要将综合考核体系建立起来,让员工在经济效益提升的过程中充分发挥自己的主动性和积极性,把员工的具体工作情况和项目的运输情况相挂钩,综合评价两者,在以考核结果作为依据,对提供优质服务、表现突出的员工进行精神奖励和物质奖励,对服务过程中存在严重失误的员工进行经济处罚,从而推动服务水平和质量的提升。

(2)在开发市场方面加大力度。要想提升运输收入,必须与客户加强沟通和联系,将潜在的运输力量挖掘出来,不断提升现有的运输量,并以此为基础,对市场开发加大力度,将该项目铁路运输过程中呈现出的运输优势,比如运输成本优势、西煤东运战略对铁路运输压力的分流、运输沿线丰富的煤源等,充分利用,将企业在市场中占有的比重不断提升,推动企业经济效益的增收。

(3)诚信服务理念的形成和树立。要通过培训对员工进行引导和教育,让他们认识到服务对于企业的重要性,了解到项目经济效益提升的关键环节在于服务,只有推动服务质量和水准的提升,才能够将企业在市场中占有的份额保持稳定,并以此为基础,在激烈的市场竞争中争取更多的新用户。

(三)提高经济效益

(1)利用宣讲强化节约意识。采取多样化的形式开展丰富多彩的宣讲活动,让每一个员工对节约意识形成充分的认识和了解,并且入脑入心,将节约意识践行到工作实际中,让每一个员工对企业目前的处境和成本降低的重要作用进行深刻了解,从身边的每一件小事做,节约每一滴水、每一度电,杜绝冒、滴、漏现象发生在运输过程中。企业要帮助职工树立起节约意识,在工作中将他们节约能源、降低消耗的积极性和主动性充分调动起来。

(2)将成本降低推动利润的提升。对铁路运输经济效益提升产生重要影响的主要因素是成本,成本高低对企业的竞争力起着决定性影响。为了推动经济效益的提升,可以采取节能降耗的举措。所以,对于铁路运输企业来说,要想实现经济效益的提升,必须把降低成本作为企业发展的永恒主题,这个主题适用于企业所处的任何发展阶段和所属的任何运输性质。

(四)严格控制运输环节

在开展项目的过程中,要想提升经济效益必须对运输环节严格把控,否则很容易导致浪费的形成,对提升经济效益产生直接影响。

(1)对审批库存物资的手续严格落实,避免资源浪费的产生,安排专门的工作人员对物资开展定期清查,采取有效措施对积压的库存物资进行盘活,让企业的物质资源得到充分的利用,推动企业物资综合利用效率的不断提升。

(2)控制主要费用的力度要不断增强。比如考核劳务费和燃油费等方面的力度要增强,层层分解考核标准,并将相关要求和标准落实到各个部门和每个人,让提升经济效益的目标渗透到运输的每个环节和每项内容中,联动上下形成合力推动提升企业的经济效益。

(五)积极开发人力资源

企业经济效益的提升还与人力资源因素密切相关。所以,铁路运输企业为了提升经济效益,要对人力资源积极开发和利用,将企业所拥有的人力资源优势充分发挥出来。开发人力资源的目的在于提高劳动者的技术能力和专业素养,企业可以利用继续教育学习和开展培训以及外出学习等多样化的方式推动员工素质的提升。除此之外，企业要在内部实现制度化和常态化的开发人力资源，以企业发展过程中对人力资源的实际需求作为依据，对员工的培训制定多种形式和多样化的培训方案，推动企业竞争优势的增强，最终实现企业经济效益的提升。

第三节　水路运输经济的发展优势与加强措施

一、水路运输经济的发展优势

我国幅员辽阔，拥有许多河流，形成了密集且具有较高复杂程度的河流网。在我国古代，人们充分认识到了水路运输的重要性和价值，经常使用这种运输方式。时代的进步推动了交通行业的迅猛发展，水路运输仍然是交通行业中重要的运输方式之一，承担和完成重要的运输任务；随着低碳经济时代的到来，水路运输作为碳排放量极低的运输方式之一，运输优势十分明显，具体表现在以下几方面：

一是政府的大力支持。对行业的发展来说，政府是其中最重要的影响因素之一。水路运输方式符合国家的可持续发展战略，发展前景十分广阔。在推动水路运输业迅速发展的过程中，水路运输低碳环保的优势越发彰显出来，政府从政策层面出台了一系列的举措大力支持和扶持水路运输业的持续发展，让人们出行或者运输货物时积极选择水路运输的方式。而且，在水路运输方式的作用下，人们获得了更加便利的出行方式和更加灵活的运输方式。人们也可以与自己的实际需求相融合，对合适的运输方式和出行方式作出选择，让航空运输和公路运输以及铁路运输的压力得到缓解，进一步提升交通运输效率。

二是经济性特征越发凸显。所有交通运输方式中成本最低的是水路运输，水路运输是最适合长途运输的方式，与航空运输和陆路运输相比，水路运输的成本大大降低。一般来说，人们运送大宗散装货物时，会选择水路运输，集装箱运输的优势在许多个行业和领域发挥出来。比如集装箱运输方式运用到煤炭行业，负责运送煤炭。同时，随着全球都面临着能源紧缺的严峻形式，越来越多的国家开始关注生态环境保护问题，各个国家不断增强对海洋运输业的关注度和重视度，水路运输业在这种环境中脱颖而出，得到突飞猛进的发展。所以说，水路运输行业的发展前景十分良好。信息化技术和科技的进步使得水路运输行业也应用了越来越多的先进技术和设备，推动水路运输成本的降低，从而促进整个交通运输行业朝着更加稳定和可持续的方向发展。

三是低碳优势十分明显。低碳经济时代的到来，越发凸显出水路运输方式的优势，推动水路运输方式市场竞争力的提升，主要原因在于水路运输业的优势和发展趋势符合低碳经济的发展思路。对水路运输的特征进行分析可以发现，水路运输将航空运输和陆路运输的优势集于一体。如今，全球都面临着不断上涨的能源价格和极度紧缺的能源资源的严峻环境，水路运输方式在发展中国家的应用力度逐渐提升，也成为发展中国家提升经济效益的重要因素。而且，水路运输的发展前景十分广阔。这是因为，现阶段石油能源十分紧缺，而且价格上涨幅度越来越大，世界各国开发太阳能和风能等清洁能源的力度不够大，清洁能源的应用还面临许多技术问题，清洁能源甚至还需要很长的阶段才能成为主要能源。可以说，在未来很长一段时间内，集低碳和经济适用性于一体的运输方式是水路运输。

四是环保效果显著。水路运输和航空运输、铁路运输以及公路运输相互比较，优势之一在于环保效果十分明显。特别是随着低碳经济时代的到来，在所有交通运输方式中，水路运输方式对于生态环境保护具有十分重要的作用。

二、水路运输经济的加强措施

近些年来，水路运输经济在我国发展步伐比较缓慢，究其原因，主要是在管理水路运输的过程中，相关的决策人员和负责管理水路运输的工作人员没有充分认识和深刻领悟到经济管理的重要性，在具体实施过程中很难将经济和安全融合到一起实现有效管理和发展，这便导致对水路运输实行经济管理时，很难推动管理团队先进性的提升和对相关管理规章制度的建立完善。

一是要让水路运输业的财经纪律不断增强。财经纪律是水运交通运输业必须遵守的纪律准则，特别是对于收入和支出工作要加强管理，避免出现流失资产的现象，如此一来，才能为水运交通运输业获得的经济效益提供有效保障，提升资金利用率。对水路运输业的财经纪律加强重视时，还要对船舶运行加强管理，进一步提升船舶运行效率。此外，管理人员要具备较高的调动船舶能力和水准，推动港口码头的使用效率不断提升。

二是要对水路运输业的预算加强管理。水路运输业中关于经济管理最重要的部分在于预算管理，该项管理工作对我国经济发展起到重要的推动作用。管理人员执行预算时，首先要对预算执行过程中的每个环节详细了解和准确掌握，围绕预算管理建立起相应的规范和要求。一旦对预算进行执行，就要对预算控制工作加强重视，从而调整与预算相关的必须遵循的程序和各项权限、依照的原则，对于其中存在的问题采取相应的举措予以妥善解决，工作人员的预算管理要非常严格和仔细、严谨，才能推动稳步提升预算质量。

三是要不断更新我国水路运输经济管理理念。当前，我国水路运输经济管理工作中存在许多问题，要想对这些问题进行妥善解决，必须改变水路运输的相关观念和思维方式，才能推动经济管理作业的顺利开展和完成。在开展实际工作的过程中，参与水路运输经济管理工作的所有管理人员和决策人员都要充分了解和深刻领悟这项工作的重要性，从而融合经济管理和安全两方面的工作内容，将水路运输体系的整体作用和功能充分发挥出来。还要不断强化服务意识，最大限度地降低物流运作成本，通过合作和沟通让上下游客户的多样化需求得到满足，从而在市场竞争中获得更多的份额和竞争优势。此外，对水路运输经济的基础内容进行详细了解和仔细研究，才能将这项工作管理好，推动工作实施安全效果的显著提升。

四是要建立一支具有高素质的经济管理队伍。要高度重视水路运输业经济管理中管理主体的重要性和价值。水路运输经济管理工作的主体始终是人，要将人的主观能动性充分发挥出来推动经济管理工作的提升和完善，利用科学化的实施和操作对管理人员的工作进行管理，推动水路运输经济管理工作的迅速进步和发展。在优化和健全水路运输经济管理工作时，一定要增强对建设水路运输经济管理队伍的关注度和重视度，从而有利于进一步增强经济管理团队的建设，将经纪管理团队产生的积极作用充分发挥出来。除此之外，为了优化和整合水路运输经济管理队伍，企业和单位要增加资金投入，通过开展教育工作和教育活动，创建和创新学习机会，良好的教学环境和教育条件有利于提升队伍在经济学和管理学方面的专业素养，从而在经济管理实践工作中灵活运用所学的知识，进一步提升水路运输经济管理队伍的发展水平和成效。

五是要对经济管理制度体系不断完善。建立和完善经济管理规章制度体系将对水路运输经济管理工作的顺利开展产生积极推动作用。所以，要提升调整和优化水路运输经济管理工作，而且与相关规章制度结合，在具体实践过程中严格落实提升经济管理的需求，让我国建立起的水路运输经济管理规章制度始终符合水路运输的相关需求，让水路运输经济管理工作朝着可持续方向不断发展。还要增强与国际物流业的交流与合作，将国外的优秀经济管理案例引入到我国的水路运输业经济管理工作中，需要注意的是，工作人员要以密切相关的会计核算标准及相关规章制度作为重要依据，对水路运输经济管理规章制度进行制定和执行，推动水路运输经济管理体系的规范化和科学化。总而言之，水路运输经济管理规章制度体系的形成及其所具有的科学性和合理性，对于我国水路运输业和社会经济的发展起到巨大的推动作用。

第四节　航空运输经济的发展趋势与建议

一、航空运输经济的发展趋势

首先，虽然从短期来看航空运输表现出逆全球化的"抬头"现象，但从长期来看，全球化这一发展方向是不可改变的。从短期来看，航空运输表现出逆全球化"抬头"的原因是多方面的，除了世界经济发展的不平衡，经济增长逐渐放缓、全球人口呈现老龄化态势以及环境保护机制受挫等固有问题以外，还有中美之间的贸易摩擦加剧、个别国家的贸易保护主义和民粹主义有抬头趋势、各种地缘政治、当前新冠肺炎疫情全球大流行等种种不利因素，叠加在一起，使经济逆全球化的势力大增，因此全球范围的产业链、供应链、物流链都受到了牵连和破坏。而从长期来看，经济全球化这一大方向不会被改变，作此判断的原因主要包括以下三点：①各国的资源禀赋不是人力所能改变的，它是由各国的自然因素决定的，因此，不同地域之间的产业链、供应链、物流链都是不可能中断的。②高新、顶尖科技能够对人类的进步产生影响，但它们都不是只靠短期拼搏就能创造出来的，而是需要国家长期的科技文化教育积累才能产生的，而高新技术的推广和利用就会逼迫各国不得不开展大范围的合作与交流。③尽管各国之间在意识形态、地缘政治以及国际关系方面都有不同的表现，但不论对哪个国家来说，和平都是永恒的主题和追求，对于整个世界来说，封闭、冲突、自给自足是永远也不会成为常态和主流的，这一点是经过历史发展积累的宝贵经验所证明的，是科学规律。因此可以认为，经济全球化这一大发展方向是不可能被改变的，而国际航空运输是国家战略和国际经济的一个重要组成，还是应当从长计议，坚持站在全球化视角谋划未来发展方向。

其次，将来乘坐飞机出行的旅行者会越来越多，航空运输普及是大势所趋。①作为一种交通运输方式来说，航空运输无疑是非常先进的，有着独特的优越性，未来，在全球进行普及推广是符合新技术推广使用的规律的，将来，它也必将为更多普通大众带来便利。②全球经济目前处在普遍发展状态，特别是发展中国家和欠发达国家，经济体量正逐年增长，也有实力对基础设施进行完善，未来将会有更多的城市被纳入到全球航空运输城市对（OD）和运输网络当中，中远程运输将会越来越便捷。此外，随着经济的不断发展，居民的人均可支配收入也会水涨船高，航空旅行的费用对于普通老百姓来说不再是难以负担的开支。③航空器的制作技术在不断发展进步，承运人的运行效率也在不断提升，燃油成本及其他运行成本自然随之下降。

再次，对于航空运输的发展来说，新技术的应用是重要的动力源，这点和社会的其他行业一样。其一，随着经济社会逐渐转向网络化、数字化、智能化，全社会出现了很多新的商机。在航空运输界，用户因大数据、“互联网+”技术的广泛应用而有了更好的体验，从进航站楼到登机就座，登机手续办理、托运行李、安检、登机入座的整个过程中实现了全方位的自助服务，运行效率因此而得到了大大提升，航空公司的运营成本也得到了有效降低。目前，国际航协已经将这一规范化流程定义为 Fast Travel 计划，即“快速行进”计划，在全球范围内推广和应用。其二，对于航空运输的发展来说,航空器制造技术的影响和作用不可小视。当下,飞机制造业进入高速发展阶段,民用飞机的性能不断地更新和提升,乘客出行变得更加经济、舒适,航线枢纽网络的发展也因此而受益良多。

二、航空运输经济的建议

“航空运输建设所投入的资金作为投资本身,势必直接推动经济增长。同时,由此引致的商业、旅游、金融等经济活动,也在一定程度上间接地加快经济增长。”①接下来,本文就针对民航案例,对航空运输经济进行分析,给予建议。对于民航来说,不管是基础设施的建设还是技术创新,抑或是航空制造业的发展,都离不开统筹协调,都需要进一步加大投入力度,对其进行实质性推进。

首先,对于航空运输的本质属性,要突出认识。服务,是航空运输的本质属性,航空运输所做的一切工作,归根结底都是为了对民生进行改善,服务社会大众,使大众的生活质量得到提升。而航空运输的三大基本底线其中之一就是真情服务。这也表明,对于航空运输的服务这一本质属性,政府主管部门的认识是非常清晰的。有关部门在对民航建设发展相关问题进行梳理时,从为民生和社会经济发展服务这一角度出发,对于民航发展过程中存在的问题和差距,能够有更加清楚、明显的认识,同时,对于建设的紧迫程度和必要性也将有更深刻的体会。

其次,在制定国家战略时,要把民航基础设施也纳入其中进行综合考虑,我国在制度方面很有优势,即集中力量办大事,全国上下一盘棋,由国家统一协调和推进有利于更好地发展。

再次,要适当地调整投资方向,在民航运输建设方面要加大力度进行投入。

最后,在融资方式选择方面,要更加灵活多变。不管是国家或地方政府的专项债券,还是企业债券、银行贷款等,都是可以考虑的方式,要加大工作力度,对民营资本在民航基础设施建设方面的项目投资,要积极培养、鼓励,并为他们创造条件。只有这样,才能使资金不足的问题得到有效解决。

---

① 管驰明,马奇骐.航空运输投资对经济增长的影响及其机制的实证研究[J].中国软科学,2010(10):54.

第六章　现代运输管理的多元化探索

第一节　运输组织管理

广义的运输组织管理是指根据市场需求，设计和开发各种形式的运输产品，开展市场营销，组织货源，实施和控制运输过程和运输环节，降低运输成本，保证运输质量，做好运输产品的售后服务的全部活动。货物运输货种繁多，货物的批量大小不同，各种货物对装运车辆也有不同要求，因而需要有多种运输类别满足货物托运人的要求。

一、整车运输组织的管理

整车运输是指托运一批次货物的数量、体积、重量、形状或性质，需要单个运输工具来完成运输过程的运输形式，在公路和铁路运输业务中称为整车运输，在水路运输业务中表现为租船运输，在航空运输业务中表现为包机运输。这里仅讨论公路和铁路的整车运输。整车载运一批货物的数量，一般以运输车辆标记吨位为基准。整车运输相对于零担运输来说有以下特点：货源相对单一；运输过程中出现差错的可能性小；运输组织工作较简单，操作方便；运费相对零担运输来说较低。

（一）公路整车运输组织的管理

(1)基本条件。托运人一次托运的货物在 3 吨（含 3 吨）以上，或虽不足 3 吨，但其性质、体积、形状需要一辆 3 吨以上公路货物运输的，均应按整车货物运输办理。为明确运输责任,公路整车货物运输通常是一车一张货票、同一个发货人、同一收货人。为此,公路货物运输企业应选派额定载重量(以车辆管理机关核发的行车执照上标记的载重量为准)与托运量相适应的车辆装运整车货物。

(2)运输限制。根据国家有关部门的规定,货物如需办理准运或审批、检验、检疫等手续,托运人应向承运人提交准运证或相应的审批文件,并确保相关文件随货同行。在所托运的货物中,危货物、易污染货物、鲜活易腐货物、贵重物品、货币及有价证券等,都是不允许被夹带的,此外,政府限制运输或禁止运输的货物,也是不允许被夹带的。

(3)货物载重量。对于运输车辆,承运人要按照受理的货物情况进行合理安排。货物的装载重量不得超过车辆的标志载重量;装载轻泡货物时,按照折算重量计算;同时,装载货物的体积也不能超过车辆的长、高、宽限制。

(4)整车拼装。为合理利用车辆的载重能力,当托运人托运的整车货物重量低于所装车辆的标志载重量时,可以与其他托运人托运的货物拼装一车,但货物总重量不得超过货车标记的载重量。

(5)整车货物多点装卸。整车货物多点装卸,按全程合计最大载重量计算,最大载重量不足车辆标记的载重量时按车辆标记的载重量计算。

(6)整车运输的货物重量和件数。按整车运输办理时,散装、无包装和不成件的货物按重量托运;有包装、成件的货物,托运人能按件点交的,可按件数托运,不计件内细数。

(7)运输路线。承运人应与托运人约定运输路线。起运前运输路线发生变化必须通知托运人,并按最后确定的路线运输。

(8)运输期限。运输期限由承运人和托运人共同约定后在运单上注明。承运人应在约定的时间内将货物送达到站。

(二)铁路整车运输组织的管理

(1)铁路整车运输的条件。①基本条件。一批货物的数量、体积、重量、形状或性质、需要一辆铁路车辆装运时应按整车办理。“一批”是指铁路运输和计算运费的一个基本单位。按一批办理的货物通常应为同一发货人、同一发站、同一装车地点、同一收货人、同一到站、同一卸车地点。一批铁路整车货物通常使用一张运单、一张货票、一辆货车。②特殊条件。特殊条件下的整车运输大致有整车分卸、途中装卸、站界内搬运等。只有整车托运的货物才能整车分卸和途中装卸。对于危险货物,站界内搬运及途中作业都是不被允许办理的。如果托运人所托运的、到同一终点站的货物数量不够一车,但是又不能办理零担时,可以申请要求在同一线路上的两个或者最多不超过三个到站的其他货物与自己的货物合装一车,这时,货物可以办理整车分卸。所谓途中装卸就是指货车的装卸地点不是铁路上的公共装卸场所,而是在相邻的两个车站的站界之间的铁路沿线上。所谓站界内搬运,就是指装卸车的地点不跨车站,或者不超过装车地车站站界,即装卸车的地点为同一车站的运输方式。

(2)运输计划。货物的托运与承运:整车按月签订运输合同,以要车计划表办理。交运货物时提报运单,合同正式成立。运单是托运人和承运人双方关于铁路货物运输的要约和承诺,主要包括货物运输的时限、发站、到站、托运人、收货人、品名、吨数等内容。

二、集装箱运输组织的管理

(一)集装箱运输的内涵

"集装箱运输作为一种新型的杂货运输方式始于20世纪30年代末的一些发达国家的陆上运输,50年代中期以后集装箱运输从陆上推向海上。①"集装箱运输是指以集装箱作为运输单位进行货物运输的一种先进运输方式。集装箱运输是成组运输的主要形式,目前已成为国际货物运输中一种重要的运输方式。随着现代社会物流业的快速发展,集装箱运输在现代物流组织中发挥着越来越重要的作用。

(1)集装箱运输是一种"门—门"(Door to Door)运输。这里的"门—门",一端是指制造企业的"门",另一端是指市场的"门"。所谓"门—门",就是从制造企业将最终消费品生产完毕,装入集装箱后,不管进行多长距离、多么复杂的运输,中间不再进行任何装卸与倒载,一直到市场的"门",再卸下直接进入商场。这既是这

① 韩增林,安筱鹏,王利,等.中国国际集装箱运输网络的布局与优化[J].地理学报,2002,57(4):479.

种运输方式的特点，又是采用这种运输方式所要达到的目标。凡使用集装箱运输的货物，都应尽量不在运输途中进行拆箱与倒载。

(2)集装箱运输是一种多式联运。由于集装箱"门—门"运输的特点，决定了其"多式联运"的特点。所谓多式联运，是指使用两种或两种以上不同的运输方式，对特定货物进行的接运。它是以各种运输工具的有机结合，协同完成全程运输为前提条件的。而在很多情况下，集装箱运输又是国际多式联运。所谓国际多式联运，是指根据一个单一的运输合同，以两种或两种以上的运输方式，把货物从一个国家运往另一个国家的运输方式。这种单一的运输合同即为多式联运单据或合同，由组织这种运输的个人或企业(多式联运经营人)签发，并由他负责执行全程运输业务。由于集装箱是一种封闭式的装载工具，在海关的监督下装货铅封以后，可以一票到底直达收货人，所以集装箱运输是最适合国际多式联运的一种方法。

(3)集装箱运输是一种高效率的运输方式。这种高效率包含两方面的含义：一是时间上的高效率。由于集装箱在结构上是高度标准化的，与之配合的装卸机具、运输工具(船舶、卡车、火车等)也是高度标准化的，因此在各种运输工具之间换装与紧固均极为迅捷，节省了运输时间。二是经济上的高效率。集装箱运输可以从多方面节省装卸搬运费用、包装费用、理货费用、保险费用等，并大幅降低货物的破损损失。这都决定了集装箱运输是一种高效率的运输方式。

(4)集装箱运输是一种可消除所运货物外形差异的运输方式。在件杂货运输中，所运货物不管采用什么样的外包装，其物理、化学特性上的差异均比较明显，可以通过视觉、触觉和嗅觉加以区别。在货物的信息管理方面，即使有缺陷，也可以用其他手段予以弥补。而集装箱则不然，货物装入集装箱之后，其物理、化学特性全部被掩盖了，变成千篇一律的标准尺寸、标准外形的金属(或非金属)箱子，从其外形无法得到任何说明其内容的特征。所以集装箱运输的信息管理与件杂货运输相比，具有特别重要的意义。

(二)集装箱运输系统的组成要素

集装箱运输系统的基本组成要素包括：

(1)适箱货物。适箱货物是指本身具有较高价值，其外包装形态、尺度及重量等属性使之可以装载于集装箱内进行运输的货物。

(2)集装箱。集装箱是标准化的货物装运工具和外包装。它既是货物的一部分,又是运输工具的组成部分,是运输的基本单元。

(3)集装箱海上运输干线。集装箱海上运输干线的设置、各干线上挂靠港及船型和班期的确定,一般由各航运公司根据货物的流向和流量、港口的地理位置和泊位条件,以及周边地区集疏运条件等,并考虑运输的合理性、经济性及公司占有的市场份额等因素来综合确定。

(4)集装箱运输港口与码头子系统。集装箱运输港口主要是指世界各地的干线(枢纽港)。这类港口均有集装箱专运码头,均配备现代化的装卸机械和管理信息系统,其吞吐量中中转箱应占有较大比重,应当具有较完善的集疏运系统。

(5)集疏运子系统。集装箱运输系统的集疏运子系统是围绕各干线(枢纽港)展开的,是由各种方式的运输线路(包括铁路、公路、内河航线、海上支线、远洋运输航线等)和各类集装箱货物集散点[包括码头堆场、集装箱货运站、内陆(港)货运站、铁路办理站、公路中转站、内河码头、支线港、货主工厂和仓库等]组成的覆盖枢纽港及周边广大地区的网络系统,一般具有多级结构。

(6)集装箱运输管理子系统。与上述要素相比,该子系统是相对较"软"的组成部分。它主要包括管理机构、经营机构、集装箱运输的法规和标准体系、集装箱运输技术和工艺体系、集装箱运输管理信息系统及与集装箱运输相关的子系统。

(三)集装箱运输作业的程序

1. 集装箱运输作业的基本活动

集装箱运输作业的基本活动,实际上是指在集装箱运输流程中对货物或货物的载体(集装箱)所进行的一系列操作,包括货物的移动和货物与集装箱的连接和分离,由这些基本活动可构成一个完整的集装箱运输流程。这些基本活动主要有:

(1)装箱、拆箱、拼箱。与货物、集装箱连接和分离有关的装箱、拆箱、拼箱操作可以发生在收(发)货人所在地,也可以发生在整个运输路径的某个节点的货运站上。

(2)集装箱的位移。与集装箱(货物)发生位移有关的活动,主要包括将集装箱(货物)从始发地运往内陆某集散地;由集散地将集装箱(货物)经内陆集疏运系统运往港口;集装箱(货物)进行海上运输,将集装箱(货物)从目的港运往另一内陆集散地;从内陆集散地将集装箱(货物)运至收货人手中。上述各种运输活动还可以进一步分解为更小的运输活动。如海上运输,除了直达运输外,还可由若干中转的海上运输活动组成;内陆运输也可以分解为几段不同运输方式承担的运输活动。

(3)对集装箱体的操作。与对集装箱体进行操作有关的活动包括空箱的领取与归还,集装箱体堆存,对集装箱体进行维修、加拆签封等。

(4)集装箱交接活动。由于集装箱运输过程是由多个不同环节构成,并由不同的关系人完成的,因而集装箱交接在整个集装箱运输流程中占有重要的地位。

2. 集装箱货运业务的流程

(1)托运。例如,中国集装箱货物运输的托运,除按一般货物运输的有关托运规定和要求外,还有以下特殊规定:①关于装箱货物的规定:集装箱以装贵重、易碎、怕湿等的货物为主;易于污染、损坏箱体的货物不得使用通用集装箱装运;鲜活、危险的货物要用专用集装箱装运。②关于货物批量的规定:水路使用集装箱运输的货物,每批必须是同一吨位的集装箱,至少1箱。但实行水陆联运的集装箱要求不超过铁路一辆货车所能装载的箱数。③运单的填写:托运人托运集装箱,必须先签订集装箱运输合同,在托运时再填写集装箱运输货物运单。如果是水路直达运输,运给同一到达港、同一收货人的,填制一张运单。但按“港到港”方式办理的,也可以一箱装几张运单的货物。④集装箱的装货与卸货:整箱运输时,集装箱的装货与卸货由托运人和收货人自理;拼箱货的装货和卸货由承运人负责。⑤集装箱货物质量的确定:集装箱货物质量由托运人负责确定。如其质量超过集装箱的标记载重量,由港口对超装的货物向托运人或收货人核收集装箱装载逾重的罚款,并补收装载逾重的货物运费。

(2)承运。承运人接受托运人的委托,承担为其运送集装箱货物,具体过程如下:①审核单证:承运人要核对原来签订的运输合同号码,审核运单的填写是否符合规定要求,如果不符合规定要求,要求托运人重填一份。②集装箱交接:集装箱货物运输的交接手续，凭集装箱交接清单及货物装箱单办理，均按集装箱铅封和箱体状况交接。托运人装箱完毕，凭起运港已批准进场的货物运单，连同集装箱交给起运港。③查验收箱：在起运港由托运人对集装箱施封后交起运港发运。起运港认可后，即可承运，并确定承运船舶的船名、航次、承运日期。

(3)装船运输。集装箱装卸区根据船舶性能和资料，依据场地积载计划等编制船舶配积载图。等船到港后，经船方确认，即进行装船。

(4)接单发单。到达港接到起运港寄来的集装箱货物运输的全套单证后，分别发送给货运代理公司和集装箱装卸区。

(5)卸船验箱。集装箱装卸区依据集装箱货物运输单证进行卸船，卸船后并验箱，如发现有货单不符，到达港要做货运记录，作为划分责任的依据。

(6)发到箱到货通知。到达港或货运代理公司在接到船舶到港时间及有关箱运资料后，即向收货人发到箱到货通知。

(7)结算。收货人凭到箱到货通知与到达港和货运代理公司交费结算后，货运代理公司向收货人签发提货单，收货人据其提货。

(8)交箱。收货人凭提货单到集装箱装卸区提货。

(四)集装箱运输组织管理的内容

1. 水路集装箱运输组织的管理

集装箱水路运输包括集装箱远洋运输和集装箱内支线运输。集装箱的货物多数为杂货，货物品种多、流向复杂，货源属于多个贸易主体，不可能由单个贸易主体租船运输，因此集装箱远洋运输通常都采用定期船运输形式，油船公司按固定线路、固定船期、固定挂靠港口组织运输。

(1)集装箱远洋运输的航线。集装箱水路运输的航线一般可分为以下两类：①多港口挂靠的直达运输航线。多港口挂靠的直达运输航线是传统班轮运营中普遍采用的一种航线结构。船舶每一航次中通常要挂靠 5 ~ 10 个港口。其优点是：能直接送达目的港，减少运输环节，有利于提高送达速度和货运质量。但当货源不足时则船期和费用都将产生浪费。限于港口的自然条件和货源条件，这种航线上一般都不可能采用大型集装箱船，其装载量在 1000 ~ 2000TEU 之间。②干线支线中转运输航线。这种航线结构中，由支线港口作为喂给港，将集装箱输送到中心港口中转，再通过干线运输，送至目的港。或在到达的中心港，再通过支线运输送达目的港。这种航线充分发挥了集装箱运输的规模经济效益，克服了多港挂靠的缺点，但却增加了中转环节，延长了运输时间，也增加了运输成本。

(2)集装箱远洋运输航线配船。为满足航线的技术和运营要求，使船公司获得最好的经济效益，航线上所配置的船型、船舶规模及数量应与航线上的货物种类、流向及船舶挂靠港口的状况相适应。通常应考虑以下因素：①船舶的尺度性能适应航道的水深、泊位的水深，船舶的结构性能、装卸性能及设备应满足航线货源及港口装卸条件的要求。②必须遵循“大线配大船”的原则。在货源充足、港口现代化水平高的集装箱航线上，应配备大吨位的集装箱船。③在航行条件允许的情况下，船舶规模的大小与适箱货物的多少和航行班次有关。④内支线集装箱因素，应考虑河道的航运条件、沿河港口装卸条件、配用集装箱拖驳船队等。可采用带独杆吊的集装箱驳船，这样即使在没有集装箱岸边起重机的港口，也可以进行集装箱装卸。

(3)集装箱远洋运输航线挂靠港口的确定。集装箱航线的挂靠港口是指一条集装箱航线沿途停靠的港口。船舶进港和出港的消耗时间很长，因此正确确定挂靠港决定了该航线营运的成败。在挂靠港选择上，通常考虑以下因素：①地理位置；②货源与腹地经济条件；③港口自身条件；④其他相应条件。

(4)集装箱远洋运输组织的一般程序。集装箱远洋运输组织的一般程序大体包括以下步骤：①订船；②接受托运申请；③发放空箱；④装箱；⑤集装箱交接签证、换发提单；⑥装船、运输；⑦货物交付签收；⑧空箱回运。

2. 铁路集装箱运输组织的管理

(1)铁路集装箱运输具备的条件。

第一，铁路集装箱运输的办理。托运人托运集装箱货物，应按批提出货物运单和铁路货物运输服务订单，铁路集装箱与自备集装箱不得按一批办理。集装箱应该在公布的办理站和专用铁路、专用线间运输。集装箱不办理军事运输。

第二，铁路通用集装箱的使用条件。不能使用铁路通用集装箱装运的货物有以下几类：①易于污染和腐蚀箱体的货物，如水泥、炭黑、化肥、油脂生毛皮等；②易于损坏箱体的货物,如生铁块、无包装的铸件等;③鲜活货物(但在一定季节和地区内不易腐烂的货物,经铁路局确定,可以使用集装箱装运);④危险货物(另有规定的除外)。

第三,铁路集装箱应符合按批办理的条件。要想按批办理铁路集装箱运输,需满足以下条件:①每一批集装箱都必须保持同一吨位;②每批集装箱的数量最少为一箱,最多不得超过一辆货车的核载量,而且集装箱的总重量也不得超过货车核定载重量的上限;③通常来说,铁路集装箱和自备集装箱不能放在一批办理,但当使用托运人提供的空自备箱装运货物时,按铁路集装箱办理,故能与铁路集装箱按一批办理。

第四,集装箱和施封条件。集装箱装箱和施封由托运人负责,铁路不接收代为施封的委托,以便分清责任;集装箱凭封印交接;集装箱的起封和掏箱由收货人负责。

第五,集装箱货物的重量条件。集装箱货物的重量由托运人确定,并承担责任,铁路可以进行检查;每个集装箱的总重不得超过标志总重或铁道部规定的限制重量。

第六,特殊集装箱的使用条件。非标箱、特种箱和专用箱应满足铁路现有运输条件和铁道部对该箱及所装货物的运输要求,经相关试验并经有关部门认证后,报铁道部审核再投入使用。

第七,铁路集装箱货物运费计算。铁路集装箱货物运费按照使用的箱数和运价率表中规定的集装箱运价率计算。

第八,自备集装箱的使用条件。使用自备集装箱时,收货人将自备集装箱与货物同时领取。如需将空箱运送回到原发站,在领取集装箱货物时,收货人要一并填写特价证明书,到站签认之后,30 天之内将空箱回送到原发站,承运人会对回送运费进行核收。如果在回送时,承运人借助自备集装箱装运货物发至回送到站的话,对回送运费予以免收。

(2)铁路集装箱办理站的基本职能。

铁路集装箱办理站包括基地站和办理站。基地站指定期开行集装箱直达列车的始发站和终到点。办理站指办理集装箱运输业务、但运量较少的车站。有些规模很大的集装箱铁路办理站被称为集装箱铁路中心站,如上海洋山深水港配套的上海芦潮港铁路中心站。

集装箱办理站具有以下基本职能:①受理集装箱货物的托运申请并提供合适的空集装箱。②办理集装箱装箱、加封、拆箱等业务。③编制有关单证、核收有关费用。④编制用车计划,安排集装箱装卸、搬运等机械作业。⑤联系铁路与其他运输方式的联运。⑥向到达站发出到达预报通知。

3.公路集装箱运输组织的管理

集装箱公路运输具有以下特点:

(1)门到门运输的开端和结尾。要想实现集装箱运输的门到门运输,集装箱卡车运输作为末端运输方式是必不可少的。所谓末端运输,就是指在运输活动开始和结束的部分开展的运输过程,即从发货人那里取货的最初一段运输和将货送到收货人处的最末一段运输,只有公路运输能承担末端运输的任务。

(2)辅助性、衔接性的运输方式。一般来说,集装箱卡车运输的存在,主要是在各种不同的集装箱运输方式中间起到辅助、衔接的作用,即借助于陆上短驳,衔接起不同的运输方式,或者是通过陆上短驳完成最终的运输。只有在极特别的情况下,才会以集装箱公路运输作为主力,完整地从头到尾进行集装箱运输。

(3)公路运输共有的特点。不管是不是运输集装箱,公路运输均表现出一些共同的特点:其运力与速度低于铁路运输;而能耗与成本却高于铁路、水路运输;其安全性能、对环境保护的程度都比不上铁路运输与水路运输。

公路运输代理公司或配载中心统一受理由口岸进出口、需用集装箱卡车运输的货源,然后根据各集装箱卡车运输公司的车型、运力、营运特点,统一调拨运力,调拨运输对公路集装箱运输的运力调拨和结构调整起到指导作用,能较好地克服能力与需求的不平衡,也能较好地保证集卡公司的收益。

4.航空集装箱运输组织的管理

航空货物通常使用航空成组器和航空集装箱运输。航空成组器是一种与飞机形体结构配套,可以与机舱内的固定装置直接联合与固定的成组器。成组器包括部件组合式成组器和整体结构式两类。部件组合式由托盘、货网、固定结构圆顶组合成一个在机舱内固定的装卸单元。航空集装箱是一种非航空用成组器。包括航空运输专用集装箱、“陆—空”联运集装箱和海、陆、空联运集装箱。

(1)航空运输专用集装箱是国际航空协会标准集装箱，与国际标准集装箱不同，箱上没有角件，不能堆码，在舱内不能直接系固。

(2)“陆—空”联运所用集装箱比较接近国际标准集装箱，集装箱也没有角件，可以使用航空及陆运系统进行搬运和装卸作业，但结构不符合国际标准的要求，不能用于国际集装箱多式联运。

(3)海、陆、空联运集装箱符合国际标准集装箱的要求，上、下部均有角件，可以堆码，可以在航空运输、铁路运输、公路运输和水路运输间进行多式联运。但这类集装箱重量受到限制，结构强度比其他国际标准集装箱弱，在堆场的堆码层数受到限制，装船时只能装在舱面。

三、零担货物运输组织的管理

(一)零担货物运输的特点

所谓零担货物运输，是指货物的数量、体积、重量、形状或性质，不够装一整车时，可以组织多个发货人的多批货物共同使用一辆铁路或公路运输的车辆，在铁路和公路运输业务中将它称为零担运输。零担货物运输是以定线定站式货运班车或客运班车捎带货物挂车的形式将沿线零担货物集中起来进行运输的货运形式。零担货物托运规定，为便于配装和保管，每批零担货物不得超过300件，每一件零担货物的体积最小不得小于0.02立方米(一件重量在10千克以上的除外)。零担货物运输具有以下特点：①零担货物批次多，批量少，流向分散；②零担货物种类繁多，货物性质差异很大，包装不一；③零担货物运输计划性差，运输组织工作复杂；④零担运输占用运输设备多，投入人力劳动多，运输效率低，成本高；⑤零担运输组织作业环节多，运到期限长，运送速度慢；⑥零担运输在货物来源上有广泛性，运输机动、灵活、方便，能适应千家万户，满足不同层次，方便大众物资生产和流通的实际需要。由于零担运输具有以上特点，因此零担运输的货源组织和运输组织对于提高零担运输的效率具有特别重要的意义。

(二)公路零担货物运输组织管理

1.公路零担货物运输的基本条件

公路零担货运开办和发展必须具备一定的前提条件,这些前提条件一方面包括宏观经济社会发展的大环境;另一方面就是零担货运的微观物质条件。从公路运输企业开办和发展零担货运实际工作看,零担货运的基础工作主要是指其物质条件,公路运输企业要开办和发展零担运输就必须做好以下基础工作:

(1)建立零担货物仓库。由于零担货物具有品种繁多、小批量、多批次、价高贵重、时间紧迫、到站分散的特点,这就决定了多数零担货物不可能在业务受理后即行装车,也不可能在货物运达卸车后即行交付,它有一个"集零为整""化整为零"的过程,同时有些货物还需要中转,必须在货运站作短期堆存保管。所以,必须根据吞吐量的大小,建设一定面积的零担货物仓库。

(2)开办零担货运站。货运站是零担货运业务的中介,是货源货流的直接组织者,它一方面起着为社会集结和疏散货物的作用;另一方面为运载工具包揽运输业务,是建立在运载工具和货物之间的纽带。货运站一般开在人口量比较大,或有专业市场(如服装批发市场)的附近。可以采取加盟中介,也可以开设直营网点。

(3)开辟班车和建立零担货运网络。零担货运网络作为重要的运输系统,具有循环功能,主要包括许多运行线路和站点。其中最基本的构成部分是班车。这种运输组织形式在使用时,要结合货流的具体需求开辟,实施原则是对中转环节尽量省去或减少,并且通过调查货源和货流,制定运行车辆的具体方案。

(4)零担货车配备。公路运输零担货物的重要工具是零担货车,而且缺它不可,就算其他设施和条件都非常完善,也无法推动零担货物运输的正常运转。

(5)组织零担货物联运。联运是指通过两种以上不同运输方式或虽属同种运输方式但须经中转换装的接力运输。因为运输零担货物的距离有所不同,并不是每个地点都是车和船都能直接到达、接受任何线路,所以要和航空运输、铁路运输、水路运输相结合,开展联运运输。如此一来,才能让多样化的托运需求得到满足。

2. 公路零担货物运输的主要组织形式

公路零担货物运输的组织形式，主要有零担货运班车和不定期零担货运车两种。

（1）零担货运班车。这种运输组织形式与客运班车性质类似，主要特征是在固定的路线上定期往返，中间还设置了固定的停靠点和停靠站，对货物进行装卸。货运班车主要有两种形式，分别是快件零担货运班车和普通零担货运班车。第一，普通零担货运班车。是在起点站和沿途经过的停靠站、点都装运货物的定期、定时零担货运班车。由于停靠站、点多，运行时间较长，车辆出车时间利用系数低，但为沿线的货物托运人提供了方便的运输条件。车辆实载率也能提高。第二，快件零担货运班车。亦称直达零担货运班车。一般是一车装运一个到站的货物，沿途站点不办理货物托运与装卸，因而出车时间利用系数高，运送速度快。在采取双班制运行组织方式时，相距 600 千米上下的两地，快件零担货运班车可以当天到达。

（2）不定期零担货运车。不定期零担货运形式是与货物量的实际需求相结合，随时随刻对运行进行组织，人们常常称之为“加班车”，其作用主要是对零担货运班车额外的补充。如果有些运输线路并未开通零担货运班车，但是零担货物的托运需求达到一定程度，便可以不定期组织开展一次性零担货物的运输。

（三）铁路零担货物运输

作为铁路货物运输三大种类（整车、集装箱、零担）之一的零担货物运输，曾经为国民经济发展作出过不可磨灭的贡献。近年来，受市场需求、公路竞争及铁路企业自身一些因素的影响，零担货物运量逐年下滑。为此，铁路在零担运输组织管理方面作了许多重大调整。从 20 世纪 80 年代取消沿途零担、大量消减零担运输办理中间站开始，到现在取消零担运输中转、取消危险货物零担运输等，采取了一系列有效措施，进一步确保了零担运输安全，提高了货物送达速度，促进了铁路、公路分工合理化、铁路运输经营规模化。

（1）货物承运。零担货物按重量和件数承运。除标准重量、标记重量或有过秤清单及一件重量超过车站衡器最大称量的货物外，由承运人确定重量，并核收过秤费。

(2)货物标志。托运人托运零担货物,应在每件货物上标明清晰明显的标志。标志内容包括运输号码、到站、收货人、货物名称、总件数、发站等。

(3)货物包装。铁路零担货物运输方式对货物的运输包装提出更高要求,要求托运人与货物的运输距离、性质、种类和重量以及货车装载、气候等因素相结合,使用的运输包装要方便装卸、具有安全保障以及与运输要求相符合。有国家包装标准或部颁包装标准的按国家或部颁标准进行包装。没有统一包装标准的,车站应会同托运人研究制定货物运输包装暂行标准,共同执行。

自2008年11月1日起,全国铁路停止零担中转业务,铁路零担运输业务将采取笨重零担货物以整车方式运输,零担货物以拼车、拼箱、行包运输和一站直达整零组织方式替代传统的零担货物运输组织方式,不再中转。铁路零担运输组织改革带来的影响有以下五点:①取消了繁杂的零担货物中转环节,提高了零担运输的质量;②腾空了大量运输设备,节省了大量人力物力,提高了铁路的综合运输能力;③不够整车条件的笨重零担货物按整车办理,可能增加了运输费用;④零担货源转向行包运输,提高了发货人的运输成本;⑤大量的零担货源将流向公路运输,将有利于公路零担货物的运输组织。

第二节 运输作业管理

运输作业管理可以使运输企业有组织、有计划地将客户所需要的货物准确送达,实现各运输作业环节在时间、空间上的平衡衔接和紧密配合。

一、运输计划的管理

(一)运输计划的作用与任务

运输计划是构成运输企业经营计划的重要内容,是运输企业对一定时期内需要完成的运输工作量制定的相关计划。

(1)运输计划的作用。运输计划是运输企业组织运输活动的重要依据,在运输经营管理工作中有着十分重要的作用,主要表现在以下方面:①满足市场对运输服务的需要。运输计划反映了运输企业在计划期内为社会提供运输服务的能力,而且是以具体的数值来表明适应的程度。当运量大于运力时,有利于企业挖掘内部潜力,提高运输效率,降低运输成本,适应运输市场的需要;当运量小于运力时,可促进企业努力开辟新的货源,提高车辆利用率。②编制企业经营目标的依据。运输计划是决定运输企业经营目标的基本依据之一。编制运输计划才能确定运输收入计划和运输成本、费用计划,进而确定运输盈利,并设定运输企业的经营目标。③组织运输活动的依据。通过编制运输计划,可以使运输企业的业务人员明确运输任务,按任务要求协调自己的行动,提高工作效率。

(2)运输计划的任务。运输计划是组织运输生产的直接依据,其基本任务有:①摸清资源情况,掌握货流的规律,落实货源;②科学、合理地将运输任务分解到各基层单位;③与其他运输方式密切配合,合理分流,组织好多式联运;④最大限度地组织合理运输和直达运输;⑤组织均衡生产,充分合理利用现有的运输能力。

(二)运输计划的编制

运输计划主要包括车辆计划、车辆运行作业计划、运输量计划和车辆运用计划等四方面,一般的编制程序是,首先对运输量计划进行编制,进一步对任务进行确定,再与运输量计划的相关需求相结合,对车辆运用计划和车辆计划进行编制。需要注意的是,运输计划的编制必须平衡几种关系:一是平衡各项计划指标之间的关系,让运输服务过程中包含的各项生产要素之间形成配合和协调的关系;二是平衡生产任务和物资供应、劳动力、设备生产能力之间的关系,从而平衡供应和需求之间的关系。

1. 运输量计划的编制

货物周转量和货运量共同构成运输量计划,其它主要内容还包括:本年计划值和上年实绩相比、本年度和各季度的计划值、上年度实绩。运输企业需要在详尽的市场调研、掌握货流详细情况的基础上,来制订运输量计划。运输量计划制订的主要依据有以下方面：

(1)市场调查与预测资料。工业、农业、商业、采掘业及人民生活需求结构的变化，对货物运输量的增减有直接的影响。因此，编制运输量计划就必须应用科学的方法，调查了解、研究分析区域内的货源，掌握流量、流向、流时的变化规律，并进行科学的预测。

(2)指令性计划任务。指令性计划任务是由政府主管部门下达的，具有突发性和即时性，如救灾物资的运输。编制该类运输计划时，应参照有关资料适当估算运输量。

(3)运输合同。运输合同明确具体地规定了运输量、起运与运达地点、运输时间、费率与运费结算方式、违反合同的处罚原则与损失赔偿办法等，因此，签订运输合同是公路运输企业编制运输量计划最可靠的依据。

(4)企业的生产能力。企业的现有生产能力对运输量计划起着制约作用。当运输企业现有生产能力小于计划运输量时，以车定产。如果运力无法让社会需求得到满足，运输企业则要通过调查运输市场，对公路货物运输的运距、流量和流向进行准确掌握，再详细明确车辆每日的行程和实载率，利用以车定产的方式明确公路货物运输量的计划产值。如果社会需求远远小于运力，运输企业则要按照以需定产的方式，与实际的运输量需求相结合，准确把握提供运输服务过程中需要投入运力的程度。同时，在对运输车辆进行合理利用的前提下，对投入运输服务的车辆数量进行预估，为剩余车辆作出其它安排和部署。

(5)其他。运距的长短、里程利用率与吨位利用率的高低及装卸停歇时间的长短等，都会对车辆日行程产生重要影响，周转量也会受到连锁反应的作用。所以，要结合不同情况对车辆日行程和车辆实载率进行计算再确定综合数据。需要注意的是，平衡车辆运用计划和运输量计划之间的关系之后，才能确定运输量的计划值。

2. 车辆计划的编制

车辆计划即企业计划期内的运输能力计划，表明企业在计划期内营运车辆类型及各类型车辆数量变化情况及其平均运输能力。它是衡量企业运输能力的重要指标，提供了企业运输经营实力的依据。

车辆计划是在一定计划阶段内反映车辆的主要指标，包括车辆营运的数量和车辆发生变化的具体参数。每个季节增长车辆的数量、标记的车辆吨位、车辆的类型以及区分全年、年初和年末车辆平均数是车辆计划的主要内容。

车辆计划所确定的车辆数能否完全满足运输量计划的要求，与车辆运用效率有直接关系。同等数量、同样类型的车辆，运用情况不同，效率发挥有高低，完成的工作量不会相等。

3. 车辆运用计划的编制

确定车辆运用效率相关的各项指标数值是编制车辆运用计划的关键内容。可行、合理、先进、有弹性和科学等是确定各项指标必须遵守的原则，从而推动合理和充分利用车辆在载重量、速度、动力、时间、行程等方面的效率，编制计划时还要与安全生产、市场供求关系、经济效益和企业经营方针相结合。编制车辆运用计划有逆编法和顺编法两种方法。

(1)逆编法。逆编法是以“需要”为出发点，确定各项车辆运用效率指标应该达到的水平，从而保证完成既定的运输工作量。必须经过反复测算，保证其有完成的可能；同时，也应避免受运输计划的过度约束，而抑制运输生产能力的合理发挥。

(2)顺编法。顺编法是根据车辆生产率计算的顺序，从确定各项车辆运用效率的质量指标开始，逐项计算各项数量指标，如工作车日数、总行程、载运行程吨位千米、总行程吨位千米，最后计算出运输工作量，也就是以“可能”为出发点来确定可能完成的运输工作量。

与运输量计划对照，符合运输量计划的要求，即可确定各项数值，编制车辆运用计划。如果不符合运输量计划要求，尤其是低于运输量计划时，则要调整各项车辆运用效率指标，直到两者基本相等，才能据以编制车辆运用计划。经过反复调整各项车辆运用效率指标，且各项运用效率指标的计划值已达到可能的最高程度，计算的运输工作量还不能达到运输计划要求，就应削减运输计划或增加营运车辆。

4. 车辆运行作业计划的编制

对运输计划的具体执行工作而专门制定的计划称之为车辆运行作业计划。虽然运输企业制定了运输计划，按照月度、季度和年度安排生产任务，但是其中涉及的生产目标只是提纲性和粗略性的数据，并没有对运输生产过程中的具体细节进行详尽的安排和布置。因此，车辆运行作业计划的制定非常有必要，进而帮助推动具体运输生产过程的实现。

车辆运行作业计划作为一份具有运输作业属性的计划，编制的目的是对具体运输过程进行落实、如期按照计划完成运输任务。计划中具体规定一定时期内每一辆车或列车必须完成的指标，这些指标包括运输效率和运输任务。

车辆运行作业计划主要包括两个工作任务：①推动车辆运输效率的不断提升，要求企业按照计划对一定时期和每日的运输任务均衡完成；②有效组织和管理运输企业的基层部门，特别是车间、车队和车站及相关职能部门，实现高效运转。

(1)车辆运行作业计划的类型。按运行时间的长短分，车辆运行作业计划有以下类型：

1)长期运行作业计划。长期运行作业计划周期分为半个月、一个月、一旬、一周不等，适用于运输路线、起讫和停靠地点、运输量、货物类型等都比较固定的运输业务的车辆运行作业计划。长期运行作业计划的作业质量高，可对发放班次、时间、沿途作业等内容作出具体规定，虽然编制工作量大，但每次编制完成后，在一定时期内则比较稳定。

2)短期运行作业计划。短期运行作业计划周期一般为 2～5 天，适用于货运起讫地点多、流向复杂、货种繁多和当天不能折返的运输任务，以及在几天内完成一个循环运行路线的多点运输任务，适应性较广，但对车辆调度水平要求较高。

3)日运行作业计划。日运行作业计划适用于临时性任务较多、起讫点固定的短途大宗货运任务，当天能折返车库和临时托运的小批量货物。

4)趟次运行作业计划。趟次运行作业计划往往适用于临时性季节性的任务、起讫点固定的短途往复式行驶路线。作业计划编制比较容易，车辆调度也很方便，尤其在承担港站短途集散运输时较为适用。

(2)车辆运行作业计划的编制。

1)车辆运行作业计划编制的依据。①已经受理托运货物和运输合同确定的货物班次时刻表是编制车辆运行作业计划的首要依据。②运输市场、货物流量、流向、流时的调查预测资料和长期运输合同是编制长期运行作业计划的依据。③车辆技术状况及维修作业计划表示车辆的技术状况是否允许安排长期连续的运行任务或长途运行任务,也是车辆运行作业计划编制的依据之一。④其他依据。车辆运行作业计划编制还需要考虑其他因素,如装卸货物站点的环境与能力、车辆运行作业计划的各项技术参数(站距、车辆平均行速、技术作业时间等)和车辆运用效率指标、天气、公路通阻等客观条件变化情况等。

2)车辆运行作业计划的编制程序。车辆运行作业计划编制在货车方面,分为普通货运车、零担货运车、集装箱车及各种专用车和货运包车等的编制。编制步骤为:①根据有关资料,编制货源汇总和分期(日)载运计划;②每车编制运行作业计划,合理确定行驶路线,妥善安排运行周期,交付运行调度组织执行;③检查各车运行作业执行情况,及时发现计划执行出现的问题并予以解决,并为编制下期运行作业计划做好准备;④编制下期运行作业计划。

对车辆运行作业计划进行编制是一项复杂的工作,还需要投入更多细心和耐心。面对充足的货源和运输需求,要认真细致地编制车辆运行作业计划,对良好的运输生产秩序进行维持,推动运行作业的正常有序高效开展和车辆运用效率的提升。

二、运输调度的管理

运输活动具有点多面广、流动分散、环节多、变化大、技术设备复杂等特点。在这样的条件下,要合理地使用各种技术工具和设备,多快好省地完成运输任务,提高运输效率和经济效益。要准确制订车辆计划,并将车辆计划准确地落实到实施过程中,必须有一个组织指挥机构来统一组织生产,连续不断地监督生产和随时调整生产中出现的不平衡,这个机构就是运输调度部门。

(一)运输调度的认知

1.运输调度的主要任务

调度部门具体负责日常生产的组织、协调、平衡、控制、监督与检查,具体而言,调度的任务包括以下方面:

(1)组织和计划运输生产活动。调度的首要内容是科学组织运输生产活动,并通过一系列的作业计划来具体贯彻国家的运输政策,协调运输过程中各环节的工作,保证完成运输任务,不断提高运输效率和经济效益。

(2)监督在港作业和安全运行。调度部门的日常工作就是监督和领导载运机具的在港作业和安全运行。运输企业应在调度通信规程中规定载运机具的通信报告制度,按时向调度部门报告载运机具运行或在港作业情况,调度部门再予以分析并采取措施帮助载运机具安全运行,加快装卸进度,提高客货运输质量。

(3)及时协调各环节作业。调度部门要不断了解和分析计划执行过程中各生产因素的变动情况,及时协调各环节的工作,并提出作业调整措施,还必须经常预测、研究、分析载运机具的技术、营运、经济条件的变化,及时作出调整,使载运机具能随时保证运输计划的完成和良好的经济效果。另外,调度部门还必须与有关港站、货主及其他运输部门建立密切的联系,掌握和分析辖区内的客货源情况,研究其他运输工具的情况,掌握调度管理的主动性。

(4)统计分析业务活动。为了及时掌握生产进度,及时进行作业调整,提高载运机具的工作效率和运营效果,保证完成和超额完成运输计划,调度部门必须进行快速统计和业务分析工作。

无论是运输企业,还是港站企业,调度均由计划、监督(控制)、指挥和统计分析四大部分所构成。计划机构根据输入指示信息,在考虑外界影响的前提下,制订出具体的近期作业计划输出给下级调度系统,并在内部流动到监督机构;监督机构根据计划,对运输作业进行指挥,并不断地概括收集状态变化及作业实绩信息,该信息或者直接地反馈到计划机构,或者经过统计、分析后反馈。

2. 运输调度的基本制度

为了保证调度的及时、准确、无误,各级调度机构都应建立健全调度制度,其中包括调度值班制度、调度会议制度、调度日志、调度工作规程、调度统计及分析等。

(1)值班制度。运输调度需要严格执行 24 小时连续值班制度,以及时处理运输生产中发生的问题。值班人员必须逐日掌握运输生产动态,检查安全生产和货运质量情况,妥善处理运输中的一切问题。

(2)会议制度。调度会议旨在总结和检查上昼夜计划与决议的执行情况,研究问题,提出办法,责成有关部门执行并指导下昼夜的工作。

(3)调度日志。调度日志是指运输调度部门值班人员为反映载运机具在生产活动中的各种动态所做的工作记录,记载值班过程中上级指示及调度昼夜计划的执行情况,本班发生的主要问题及处理结果,拟交下一班办理的事项及事故等,并附有气象、水位等记录。

(4)调度工作规程。调度工作规程是有关调度系统工作范围和岗位责任的规定。其基本内容包括调度组织管理体制、各级调度机构设置、人员配备和职责范围、调度计划编制贯彻程序、调度工作制度和调度工作纪律等。

(5)调度统计与分析。调度统计区别于港区的计划统计,是根据调度报表进行的快速统计,主要内容有日报和旬报。调度分析通常有日常分析、定期分析和专题分析等。

3.运输调度的类型划分

由于运输企业与港站企业的运输作业具有各自的特点,因此,它们之间在调度的任务与内容上还存在一定的差异。

(1)运输企业的调度。就运输企业而言,其调度以运输工具运行为中心,既要涉及运输工具在各港站的进出、停留的调度,也要涉及运输工具运行时的调度,具有"线"或"区域"的特点。为了完成计划规定的运输任务,运输企业的调度不仅以运输工具的运行为中心,而且通过运输工具的运行作业计划,将企业内部各生产环节,特别是车队(船队)、车站(港口)、车间、装卸等部门联结成一个有机的整体。

(2)港站企业的调度。就港站企业而言,其调度以在岗运输工具作业为中心,主要涉及运输工具及货物的进出、装卸等调度,港站企业的调度与运输企业的调度相互配合,共同完成货物运输工作。

(二)运输调度中方案的制订

由于货物运输经常涉及若干供货点至若干需求点的货物位移。因此,在制订运输调度方案时,运输费用是必须考虑的首要因素。

表上作业法是制定调度方案经常使用的方式。具体来说,表上作业法计算运输规模是在列表方式的基础上运用求解线性规划问题的方式,如果利用图上作业法很难直观求解或计算出某些线性规划问题，便可以先制定初始方案，将各种相关元素整理成列表，再利用检验数对初始方案进行核验，如果还不能计算出满意的答案就要对闭合回路法、位势法灵活运用，作出相应的调整，一直到获得满意的答案。

在制订调度方案时，可以选择总运输费用最低作为目标，采用表示作业法的原理，罗列出运输网络系统中的每一条可能的运输路线，从而寻找初始调运方案、检验初始方案，并进一步将之调整为目标下的最优方案。

根据寻找初始调运方案的原理不同，可以将表上作业法分为最小费用法和左上角法。

最小费用法是在代表所有可能运输路线的列表中完成的，其计算原理是：首先选择单位运价最低的运输路线，根据供求情况计算出该路线上可能的最大运输量，并在其对应格子的右下角进行标注。以此类推，按单位运价从小到大的顺序选择路线。在此过程中，若某行（列）的产量（销量）已满足，则把该行（列）的其他格划去，直至将所有的产量与销量分配完毕，得到一个最初的运输路线组合。

左上角法是从代表所有可能运输路线的格子中，选择左上角的格子开始，根据路线上的供求情况得出可能的最大运输量，并将该运输量标注在格子的右下角。然后按行或列标注下一格子内的运输量。若某行（列）的产量（销量）已满足，则把该行（列）的其他格划去。如此进行下去，直至将所有的产量和销量分配完毕，即得到一个初始调运方案。

三、运输绩效评价的管理

绩效评价步骤设计得合理，就能够将运输绩效评价体系落实到实处，为有效地进行绩效评价提供保证。

第一，建立健全评价机构。建立一个由有关部门负责人组成的绩效评价机构，也可以邀请其他有关专家参与，应对其中的每个部分及人员进行分工，明确职责和权利。

第二，调查评价对象的全面情况。通过调查，明确评价对象的运输活动计划、目标、有关组织与人员及相关的环境条件，尽可能掌握较为全面的数据资料。

第三，明确评价目标及原则。应根据运输绩效管理目标、企业实际状况及发展战略和目标来确定评价的目标。围绕评价目标，制定评价原则。一般来说，绩效评价应把握以下基本原则：①突出重点，重点分析绩效指标。②建立完善的指标体系，使之能反映实际运输业务流程和全部运输过程。③尽可能采用实时分析与评价的方法，把绩效度量范围扩大到能反映运输作业实时运营的信息上去。④保证系统评价的客观性，要使评价所依据的资料全面、可靠、准确；同时要防止评价人员的倾向性，评价人员的组成要有代表性。⑤应特别重视用户满意度方面的评价。

第四，确定评价内容。建立一套科学、合理的运输绩效指标体系，是一项十分复杂的工作，需要选择和运用适合评价对象实际情况的、与评价目标一致的具体评价内容。评价内容一般包括以下方面：①运输成本。这是绩效评价首先要考虑的问题。但是要明确，运费并不是唯一的成本构成，装载情况、索赔、设备条件等因素也要考虑。②服务质量状况：即准确性、安全性、迅速性、可靠性。③运输能力。包括提供运输工具和设备及专用车船的能力、装卸车船的能力等。④中转时间。它的大小直接影响的是库存水平及运输成本。⑤服务能力：主要是利用信息技术和提供信息服务的能力，实施门到门服务的能力，运输可达性的高低等。⑥处理提货单。票据等运输凭证情况。⑦与顾客的合作关系。

第五，制定评价标准。一般而言，可以考虑从以下方面建立绩效评价标准：①客户标准。绩效评价标准的建立要与客户关于运输货物的需求相结合，并以客户标准作为衡量运输活动业绩水准的重要因素，了解是否与客户的需求保持一致、相符合，从让客户的满意率不断提升，与客户之间形成更加良好和密切的合作关系。②历史标准。是指绩效评价标准的制定要与企业过去开展运输活动取得的绩效相结合，通过纵向比较企业的绩效，对企业获得的运输活动绩效发展情况进行评价。③标杆标准。是指企业绩效评价标准的建立要与行业中优秀运输企业的绩效水平相结合，如此一来，既可以对本企业的市场竞争力进行准确判断，也可以通过对比发现自身缺点，从而有针对性地改善和提升，推动本企业市场竞争力提高。

第六，建立评价指标体系。当确定了评价对象、评价原则、评价内容及评价标准后，就可以制定评价指标体系了。运输绩效指标体系可以按照运输量、运输服务质量、运输效率及运输成本与效益等方面来建立。

第七,选择评价方法。有了评价指标和评价标准,还需要根据评价目标、实施费用、评价效果来选择一定的评价方法。评价方法是现代物流企业绩效评价的具体手段。

第八,实施绩效评价,撰写评价报告。这是具体实施运输绩效评价的阶段。在这个过程中,应随时关注实施报告,及时发现可能产生的偏差,并对偏差进行纠正。最后撰写评价报告,即实施绩效评价的最终结果。

四、运输运作管理

活劳动和物化劳动伴随着运输业的生产而发生消耗,这些消耗便会在生产产品的社会费用中折算。运输企业对运输质量进行提升,有利于防止货物在运输过程中产生过多的损耗或发生变质,防止社会财富的损失,保障旅客的人身安全和生命安全。所以,运输质量的优劣关系到国计民生,对人们的生产生活和国民经济的发展产生重要影响。

(一)运输质量的管理

运输运输质量又称运输产品质量,是衡量运输生产服务水平高低的尺度,是运输生产质量的核心,是运输服务水平的决定因素,关系到运输企业的整体绩效。运输生产不同于工农业生产,它隶属于第三产业,运输生产的产品——运输服务是一种特殊的产品,其使用价值就是实现旅客或货物的空间位置移动。计算单位是"吨公里""人公里"或"装卸吨"。运输生产产品的特殊性,决定了运输产品质量的特殊性。

1.运输质量的特性

(1)服务性。运输是面向全社会并服务于全社会经济建设和人民生产生活的,因此社会服务属性非常明显和强烈。运输质量的特点综合体现在服务性上。服务性要求运输与货主和旅客的需求相结合,为货主和旅客创造最大的方便,将周到和热情的服务提供给他们。比如为他们将运输地点设置在货物交付处,或者旅客下车后到达的目的地,为他们提供优良的设施服务,整个运输过程都为他们服务,并且帮助他们解决运输时产生的各种问题。满足用户在运输过程中的服务需求。

(2)安全性。营运车辆的运动是运输产品形成的主要原因,是指当处于混合运输环境中,只有利用运动才能将货物和人的位移实现。所以,货主和旅客对于运输的基本要求是,保障车辆运行非常安全、旅客安全到达目的地、货物没有任何损坏,这也是作为运输企业的基本使命和职责,其中职责还包括安全保障旅客从进站购票一直到出站或到达目的地、货主从托运办理到结账交付的完整过程。防止发生对旅客安全不利的事故,比如,对禁运品和危险品进行查禁,避免发生偷扒盗窃损等现象,避免旅客发生碰伤和摔伤、误乘、漏乘、错乘等事故。

(3)及时性。一般来说,客货位移必须在规定的时间内完成,让旅客和货主对运输速度和客货流时间的需求得到满足,便是运输质量及时性的实现。及时性的主要要求是以企业对社会通知或运输协议和运输合同规定的时限、运行时间和发车时间作为依据,在这个时间范围内及时将旅客和货物向目的地送达,把及时的运输服务提供给货主和旅客。与此同时,在对货物的安全性进行保障的基础上,最大限度地满足旅客和货主对运输速度的需求,将商品流通时间和旅客在途时间不断减少。

(4)经济性。运输质量的经济特性便称为经济性。运输服务是运输企业与旅客、货主交易的产品,也拥有商品性的基本属性。要求运输企业遵循价值规律,利用市场形式将运输服务有偿提供给货主和旅客。具体来说,运输质量所拥有的经济特性是指运输货物过程中产生的包装、中转换装、运输、装卸、仓储等方面的费用,旅客在整个旅行中支出的费用,要求尽量将货物运输和旅行支出费用减少。所以,运输企业要想在保障社会效益的基础上,获得更多的合理效益,必须采取各种方式将运输费用和运输成本降低,通过最低的运价、最合理和最经济的运输方式将运输任务圆满完成,帮助货主和旅客将经济压力尽量降低。

(5)完整性。在运输过程中,只让包括客运行包在内的货物进行位移而不会发生货损货差现象,比如减少货物的质量和数量,不让货物的化学性质和物理性质发生改变。运输始终服务于国民经济和人民的生活,不会增加社会产品的数量、质量和使用价值,也不会生产新的实物形态产品。众所周知,运输作为国民经济的重要组成部分,如果在运输时货物减少或发生损坏,都会减少社会财富,对人民生活和国民经济造成不利影响甚至是巨大的损失。所以,运输质量的基本特性之一是完整性。

2. 运输质量的管理措施

(1)运输质量的控制方法。

1)管理控制图的应用。管理控制图(动态处理数据方法)根据所采用的统计量的不同,可分为单值控制图(X 控制图)、平均值与极差控制图(X—R 控制图)、中值与极差控制图(X—R 控制图)、不合格数据控制图(PN 控制图)、不合格率控制图(P 控制图)和缺陷控制图(C 控制图)六种。制定管理控制图的目的是观测运输运作是否处于控制状态。如果运输运作过程中仅受偶然因素影响,运输服务质量管理特性分布基本不受时间因素变化的影响,则处于正常状态;反之,则是异常状态。其判断的标准:一是管理控制图上点不超过控制界限;二是管理控制图上点排列无缺陷。

2)直方图的应用。直方图又称质量分布图。在质量管理中,它由多个直方形连接起来,以表示质量数据离散程度的一种图形。在任何相同条件下,所生产出的产品的质量都不会完全相同,总会或多或少地在某些范围内变化。制作直方图的目的,就是把其发生的实际情况,用图形直观地表示出来,通过观察图形的形状,并与公差要求相比较,来判断生产过程是否处于稳定状态,从而预测生产过程中产品的不合格率情况。因此,直方图是用以整理质量数据、查找质量规定、判断和预测运输作业过程中质量的好坏、判断运输作业过程中不合格率的常用工具。

3)因果分析图的应用。因果分析图又称鱼骨图,是将运输质量问题产生的所有原因进行分类,并在图上用箭头把因果关系表示出来。通过图示制作出因果分析图作为质量改善和控制的依据,因其形状如鱼骨或树枝,故又称为鱼骨图或树枝图。运输质量控制中因果分析图的主要内容包括运输服务的质量特征(如运输中的实载率、事故率等)和影响质量的各种原因。因果分析图在运输质量控制中可分为三种:①质量结果分解型:指按照作业人员、设备、方法、对象、管理与环境等因素逐一查找。②运输作业分类型:指按照物流作业环节和流程逐一查找。③质量原因罗列型:指先把可能影响质量的因素都找出来,然后按照因果关系层次查找。

在制作质量原因罗列型因果图时,要注意所得结果的合理针对性和实用性,要明确达到什么目的,要尽量多列质量影响因素,要对质量影响因素进行多角度分析和发散性思考,以求把产生质量问题的全部原因都找出来。例如,道路运输中出现的安全问题,用因果分析图可得出造成道路运输安全问题的主要原因。

4)过程方法及 PDCA 循环的应用。过程方法就是组织运输企业内部过程系统的应用,即这些过程的识别相互作用及管理。根据质量标准鼓励在制定实施质量管理体系及改进其有效形式时采用这个过程方法,以满足客户需求、提高客户满意度。过程方法的特点是对过程系统中单个过程之间的联系以及过程组合和相互作用进行持续的控制。PDCA 循环适合于所有运输运作过程,它包括计划、实施、检查和处理四个过程。PDCA 循环过程的四个环节是不断循环转动的,每经一个循环就要解决一个运输运作问题,服务质量也同步得到提高。除了供应链物流企业等相对较大的系统存在 PDCA 循环外,运输运作的各个环节乃至具体运输作业点或每个员工也都存在 PDCA 循环,因此形成了一个大循环套小循环的状态。此外,由于 PDCA 的每一次循环都会改善运输运作过程和提高运输服务质量,从而形成了类似"上楼梯"的循环模式。PDCA 循环是一个"问题—修正—问题—再修正"的过程,从而实现运输服务质量不断提高的过程。

(2)运输质量的改进分析。

1)运输质量的改进原则。运输质量的改进是指在向用户提供增值服务时所采取的提高运输质量的措施。运输服务质量是由用户的满意度来确定的,并取决于整个服务过程的效果及效率。而运输质量的改进是通过改进过程加以实现的。所以说,运输质量的改进是一种以追求更高的过程效果及效率为目标的持续活动。

2)运输质量改进的方法。运输质量改进的有效方法一般有三种:①运输质量基本的改进方法:提出运输质量的改进方针、策略、目标、指导思想,支持、协调运输质量的改进活动。②运输质量纵深层次的改进方法:对运输过程管理要明确各部门的职责、任务,并确定其工作过程的持续质量改进,创造一个全员参与的持续质量改进环境。③跨部门过程的运输质量改进方法:在企业内部各部门之间建立并保持紧密联系,不断关注和追踪用户的要求,了解用户的需求期望,寻求运输过程的质量改进机会,配置质量改进所需要的相关资源,并不断督促运输质量改进的实施。

(3)提高运输质量的措施。

1)管理方面。①运输企业要积极开展物流质量管理和物流标准工作,健全和落实责任制,建立和完善管理运输质量工作的相关评价体系和标准;②将全面质量管理(TQM)和先进的准时制生产管理(JIT)中相关的新理论和新思想运用到运输质量管理工作中,在管理运输质量方面形成特色和优秀做法。③对以往的分散管理模式进行改变,通过多样化的方式让运输人员的质量意识不断提升,重视协调合作工作。

2)技术方面。①采用现代化信息和网络技术,实现物流信息系统计算机化,建立质量管理、信息管理系统。②采用合理的包装材料,积极推进集装箱化运输、存储、装卸搬运作业。③提高运输作业的标准化、机械化、自动化程度。④利用定性分析的方式,与物流运转模式相结合,对合理的运输进行确认,推动运输服务质量的不断提升。⑤对运输质量的指标评价体系不断完善,不断改善控制管理运输质量的方式。⑥将现代化技术和科学的方法运用到物流运输、配送、装卸、用户服务和搬运等各个环节中,推动运输服务质量的显著提升。

3)宏观环境方面。运输市场的发展完善是提高运输质量的重要因素,其中国家的宏观物流政策、市场需求程度等环境因素是决定运输质量的关键。

(二)运输成本的控制

1.运输成本的目的

运输成本管理的目的是把物流总成本降到最低,这意味着最低的运输费用并不总是导致最低的运输总成本。运输成本管理是一项综合性管理,是对整个物流运输经济绩效的全面反映。运输企业最重要的是对成本进行控制,实施一系列经营战略的改变,如实行共同配送,运输大量化、计划化等。

运输成本是指运输生产者(供给者)为完成客货位移所造成的费用总和,包括直接运输费用与管理费用两部分。它分为运输总成本和单位运输成本两个概念:运输总成本是一定时期内的运输成本支出总和,单位运输成本是单位运输劳务的支出(货物运输一般以吨公里为单位)。

为了更加准确地理解运输成本,必须区分运输成本与运费、运价的关系。

(1)运输成本和运费。运输成本是运输生产者(供给者)完成指定条件下的运输所付出的代价,而运费则是运输消费者完成特定条件下的运输所付出的代价。

(2)运输成本和运价。运输成本是为完成运输活动所发生的一切费用,主要是从运输供给的角度来考虑的。运价(即运输价格)是运输价值的货币表现,需要从运输供给和运输需求两个方面进行考虑。运输价值量的大小取决于生产运输产品所消耗的劳动量,购买劳动量的支出就是运输生产费用,构成了运输成本。运输劳动创造了新的价值,就是运输盈利。运价由运输成本和运输盈利(利润和税金)这两个部分组成。

2.运输成本的构成要素

对运输业或运输活动而言,成本的分类必须考虑运输活动的特殊性。移动设备和固定设施共同构成了运输业的资本,这对于划分运输成本的类别具有重要作用。运输业的移动设备是指包括飞机、火车、轮船和汽车在内的能够移动的运输工具,这些运输工具的功能是将运输服务直接提供给旅客和货主;运输业的固定设施是指包括铁路、港口和站场以及公路在内的运输基础设施,这些基础设施一旦建成之后就不具备移动性,而且不能将运输服务直接提供给旅客和货主。运输业资本所具备的特殊性质,对划分运输成本与其他行业的资本有很大的区别,运输成本资本主要包括三大类别,分别是移动设施拥有成本和运营成本以及固定设施成本。

(1)固定设施成本。每一种运输方式的正常运转都离不开固定设施——航空运输与空中指挥系统和机场息息相关;铁路运输与车站和轨道密切相关;船舶运输必须依靠港口完成装卸和停泊作业;汽车运输与停车场地和公路密不可分;管道在一定的地理区域上建立和固定,一旦完成建设,便不可移动,并且不能被其它用途利用。比如,港口和道路一旦不能被投入使用,原先建设好的路基和码头便不能另作他用。也是由于此,运输系统中经常会出现部分固定设施堵塞的情况。

固定运输设施的成本费用主要包括建设之初的投资和使用期间的维修费用和养护费用,所以,维修成本和养护成本以及其他使用成本是固定设施成本的主要内容。和刚开始建设阶段的投资相比,养护、使用和维护固定设施产生的费用较低,其中有些费用与基于固定设施形成的运输量没有太大关联,则称之为固定成本,另外一些与运输量之间存在一定关联,则被划分到变动成本中。

(2)移动设备拥有成本。在所有运输方式中,唯一一种仅仅使用固定设施的运输方式是管道运输,其他任何运输方式都要使用移动设备和固定设施,公共汽车、各类客货船舶、各类卡车、铁路机车车辆、飞机和小汽车都属于能够移动的载运工具。因为这些运输工具可以转移到不同的用途和运输市场上,所以,投资在移动运输工具上的成本不属于沉没成本的类别。

每种运输工具的使用寿命各有区别,在使用运输工具的时期内,它们的价值会向运输成本逐渐转化,所以,运输工具的折旧过程取决于它的使用寿命。不同运输工具计算使用寿命的方式不同,对于以年限计算使用寿命的运输工具,它所提供的运输量与折旧转移成本之间不存在直接关联,而是每个月和每一年都会产生的固定成本;对于按照行驶里程计算使用寿命的运输工具,它所提供的运输量直接影响它的折旧转移成本,这些成本则属于变动成本的类别。

(3)运营成本。运营工具消耗的燃料和直接运营人员的公司共同构成运营成本。直接运营成本的数量随着运营工作量的增加而变大,这两者都属于与运输量存在直接关系的变动成本。当然,运营成本不仅仅包括这两类。车辆的运行必然会引起运输工具的磨损,需要对载运设备进行修理和维护。因此,管理人员和辅助人员是运输企业的重要构成部分,运输企业的间接运营成本便包括管理人员和辅助人员的工资以及保障他们顺利开展工作产生的支出。间接运营成本中有一部分与运输量产生密切关联,属于变动成本,其他部分则与运输量变动不存在太大关联。

移动设施拥有成本、运营成本和固定设施成本在不同运输方式的运输成本中所占的比重和产生的影响各有区别,最终发生的产量可变性和不变性也有很大的差异。而且还要与使用者的具体角色相结合,从而确定运输方式的可变性和不变性。比如,对于经营者来说,维护和保养高速公路产生的支出费用属于固定成本,但就使用收费道路的司机来说,却是以行使里程作为依据产生的变动费用,需要支付。所以,当变化的产量和运输业的三种成本划分相互融合,再加上多元的使用主体和运输经营主体,分析运输成本要面临较大的难度和挑战。

3. 不同运输方式的成本特点

(1)铁路运输。铁路运输的固定成本高,变动成本相对较低。这是因为铁路线路、车站、机车车辆、通信等基础设施的投资大,提高了固定成本。包括燃油费用、维护成本和工资等在内的铁路运输变动成本与运输量的大小、运输距离的长短形成一定的比例变化关系。如此一来,如果运输系统本身具备的固定成本费用非常高,则对距离经济和规模经济比较适用。其中,规模经济是指每单位运量的运输成本随着增长的运量而下降,受到规模经济的影响和作用,批量运输货物的合理性不断增强。距离经济是指一个运输系统运输货物时,运输距离越长运输成本更低。距离经济与规模经济存在一定的相同点,主要表现在分摊运输装卸费用方面。而且,分摊的固定费用随着不断增长的运输距离而降低。如此一来,要想降低运输成本,就要在更长的运输距离和更大的运输批量中分摊固定成本。

(2)公路运输。由于公路运输的承运人不拥有用于营运的基础设施,在所有运输方式中,固定成本最低的是公路运输,而且公路运输的成本和铁路运输形成非常鲜明的对比。需要注意的是,成本在公路运输中存在很大的变动,变动成本主要包括两方面内容:一是建设和维护公路时将养护费、燃油税和路桥费分摊在过路车辆上;二是营运车辆产生的维修费用、轮胎、燃料和车辆折旧等。一般来说,车辆行驶里程更长、完成的周转量越大,变动成本更高。在公路货运站进行运输时,固定成本包括车站取货和送货费用、站台装卸费用、制单和收费等。公路运输也存在规模经济,当运输批量较大时,固定成本费用分摊到较大的运量中去,所以单位运输成本会随运量的增加而降低,但是不如铁路运输下降得那么明显。

(3)水路运输。水路运输除必须投资造新船、建设港口之外,航道投资极少。以中国为例,港口和航道由国家通过管理体制进行管理,船舶所属的航运企业则是水路运输的承运人。大部分港口是服务港,即港务当局不仅提供港口的基础设施,还提供诸如货物装卸服务及货物港内搬运和处理等服务;不仅从事港政和航政,还从事港内各项业务活动。这样,水运承运人的固定成本除船舶本身的折旧费等外,还和港口作业有关。但是,水路的运输能力大、变动成本低,所以水运是最廉价的大宗货物运输方式之一,适合长距离、大批量运输。

(4)航空运输。航空运输与水运和公路运输相比,成本特征有很多相同之处。航空运输的机场和空中通道一般不属于拥有飞机的航空公司,航空公司根据需要以燃料、仓储、场地租赁和飞机起降等形式购买机场服务。同时,地面的搬运装卸、取货和送货也属机场提供的航空货运服务的一部分,这些成本就成为使用机场需要支出的固定成本。此外,航空公司还拥有(或租赁)运输设备飞机等,在经济寿命周期内对其进行折旧就构成每年的固定费用。航空公司的变动成本主要是燃料和原材料费用,受运距的影响较大。固定成本和变动成本合在一起通常使航空运输成为最贵的运输方式,短途运输尤其如此。但是,随着机场费用和其他固定成本费用支出分摊在更大的运量上,单位成本会有所降低。如果是长距离运输,还会带来单位成本的进一步降低。

(5)管道运输。管道运输与铁路运输的成本特征一样,管道公司拥有这些基础设施或拥有它们的使用权。管道的投资和折旧及其他成本使管道运输的固定成本在总成本中是较高的。为提高竞争力,管道运输的运量必须非常大,以便分摊这么高的固定成本。管道运输的变动成本主要包括运送原油、成品油或天然气等的动力成本和与泵站经营相关的成本。动力随管道周长变大而增加,运量则随横截面面积的增大而提高。由于大管道与小管道周长之比不像两者的横截面面积之比那么大,所以,只要有足够大的运量,大管道的每吨公里成本就会迅速下降。在一定的管道规格条件下,如果运送的产品过多,管道运输的规模效益就会递减。

4. 运输成本的影响因素

运输成本的影响因素有很多,主要包括以下方面:

(1)运输距离。对运输成本产生影响的重要因素之一是运输距离,主要是由于它对包括燃料和维护保养以及劳动力等在内的变动成本产生直接影响。就经济角度来说,任何运输方式都具有与之相应的最为经济合理的运输距离。一般来说,长距离运输适合使用航空运输和海洋运输,短途运输中公路运输的优势最大。就每一种运输方式来说,都要找到自身最经济合理的运输距离,并且在这个范围内,不同运输方式的运输距离越长,单位公里内的运输成本越低。

(2)载货量。大部分运输活动和其他物流活动类似,都有规模经济的存在。运输方式的规模经济主要体现在运输成本受到载货量大小的影响。同时,运输工具的最大尺寸也对载货量的大小形成制约作用。因此,运输企业想要将经济效益提升,可以把小批量的载货量向着大载货量的方向整合,从而推动更大规模经济效益的获取。

(3)货物的疏密度。对货物的重量和货物的占据空间进行综合考量的重要标准在于货物的疏密度,货物疏密度对运输成本产生重要影响,两者之间呈现反向变化关系，这便是货物疏密度因素的重要性所在。就空间因素和重要因素相比较，空间因素对运输工具的限制作用更大。因为运输某一种产品时，即使这种产品拥有非常轻的重量，但是一旦装满运输工具，也不能再增加装运数量。重量不会对运输工具实际消耗的燃料成本和劳动成本产生影响，所以，运输的货物拥有更高的疏密度，每单位重量花费的运输成本则更低。

(4)装载性能。装载性能也是指空间利用率，具体来说，是表示货物对包括拖车和集装箱以及铁路车厢在内的运输工具空间的利用程度。货物的弹性和形状以及大小等物理性质决定了它的装载性。如果产品拥有同样的密度，它们的装载性能会存在较大差异。一般来说，运输货物时，不规则形状的产品比标准矩形的产品更难装载。装运规模也会影响到装载性能，如果对大批量的产品进行运输，他们之间存在相互嵌套的关系，装载十分方便；而小批量的产品装载起来也可能比较困难。

(5)装卸搬运的难易程度。对运输成本产生影响的因素之一在于搬运和装卸货物的难易程度。如果货物拥有较高的搬运和装卸难度，则会产生较高的装卸和搬运费用，从而增加运输成本。比如罐头、筒和纸箱等产品拥有一样的大小或形状，会产生较低的搬运费用；有些货物比较特殊，搬运和装卸时需要运用专门的设备，会产生较高的搬运费用。除此之外，在运输和存储过程中，产品使用包括装箱、装在托盘上或用袋子捆扎等成组方式，也会对搬运成本产生影响。

(6)货物的易损性。有些产品比较特殊，具有容易腐蚀、自爆、自燃和损坏的特征，容易引发索赔事故和损坏风险。运输这些产品和货物时，不仅要使用特殊的运输方式和运输工具，承运人还必须购买货物保险，防止索赔事故的发生，避免运输成本的增加。

(7)市场因素。除了考虑货物的特殊性之外，运输成本也会受到市场因素的影响，其中产生明显影响的市场因素主要有：运输通道的均衡性、来自不同运输方式和同种运输方式之间的竞争、政府对运输活动进行管理、产品的运输距离也称为市场的位置、对运输活动进行限制的相关法律规定，等等。其中，从运输起点到运输终点之间的运输通道是否存在均衡的流量，便称为运输通道的均衡性。如果运输通道不均衡，则很容易产生车辆返空的现象，浪费运力，最终导致运输成本的增加。

5. 运输成本的控制方法

既要让总运输成本不断降低，又要确保运输的安全性、快捷性以及可靠性，这也是对运输成本进行控制的主要目的。可以用定量方法来控制运输成本，具体包括表上作业法、网络分析法以及线性规划法。应该对现有的财务、时间等资源进行充分利用，并对运输路线进行合理组织，选择最低成本的运输，如此一来，才能促进运输的合理化发展。下面就对几种运输成本控制策略性方法作详细的介绍：

(1)合理选择运输方式。企业采用的运输方法不同，形成的运输成本也会有所不同，为此企业在选择运输方式时要根据自己的实际情况进行考虑。具体来说应该从需要运输货物的价格、批量、形状、交货时间或者到达地点等因素出发考虑，选择更具安全性的、更加便捷和更加经济的运输方式，如此有利于对运输成本进行控制。

(2)拥有适当数量的车辆。企业的车辆满足不了发货量的需求，从而要从外面吊车。或者是发货量少于车辆数，导致很多车辆无货可送。因此，只有对车辆数量进行把控才能更好地节省运输成本。

(3)优化仓库布局。为了有效降低整个运输系统的成本，则应该不断地优化运输网络设置。像可以利用仓库布局优化来选择最短的运输时间和运输路线，以实现运输成本最小化的目标。集运的规模经济性是仓库合理化的首要原则。制造商的产品销售具有的市场是非常广阔的，若是客户订单不多的情况下，就应该集中订货，以达到符合仓库设施固定成本的货运量，并确保直接运送货物总成本低于仓库和当地发送的总成本，如此才能确保仓库设施合理的经济性。

(4)实施集运策略。集运是指将货物集中起来进行运输以满足规模经济的要求并同时减少运输成本的一种方式。采用集运要对物流响应时间的影响进行综合考虑。

(5)推行直运策略。直运是指直达运输，即在货物运输组织时，不通过商业物资仓库环节和铁路等中间环节进行直达目的的运输。以生产资料的角度来看，一些体积较大、笨重的物资会由生产厂家直接运输给消费单位。而商业部门则有所不同，采取什么样的运输方式要根据具体的商品来予以选择。像一些规格简单的商品，生产厂家一般都会直接运输到三级批发商和大型商店手里，不需要二级分销商,像纸张、肥皂等;还有部分商品,由于花色和规格较多,往往会有中间批发商要零售。采用直达运输方式的还有外贸部门,采用直达口岸的方式来运输出口商品。企业应该根据产品的特征、运送路程、运送成本以及订货数量、重量等因素来综合考虑是否采用直达运输的方式。

(6)采用"四就"直拨运输。所谓"四就"直拨运输是指商业和物资批发企业将外地调拨的货物直接发送运输,不需要再进本地批发仓库的运输方式,这种方式减少了运输中间环节,有利于双重经济效益的保障。具体来说分为以下四种模式:一是就厂直拨、二是就车站直拨、三是就库直拨、四是就车过载。

(7)提高装载量。可以采用以下几种方式来提高装载量:首先是组织轻重装配。即将重货物和轻便货物组合起来运输,这样不但可以充分地利用车船装载容积,也可以确保不浪费装载重量标准,有利于运输工具使用率的提升。其次是解体运输。将一些大体积、较笨重的货物拆卸,分别包装,避免占据装载空间,有效提升装载效率,比如科学实验仪器和自行车等都可以采用这种运输方式。最后是改进堆码方法。即从车船的货位情况和货物的包装形状等因素考虑,从而选择不同的堆码方法的运输方式,主要可以采用骑缝装载、紧密装载以及多层装载等方式堆码,这有利于运输效率的提升。除此以外,要将各种运输方式的优势充分地发挥出来,采取托盘化运输、拼装整车运输、集装箱运输等来对运输成本进行有效的把控。

(三)运输企业的客户服务

1. 运输企业服务的内涵

现代物流管理的实质是在客户满意的基础上,向物流需求方迅速、有效地提供产品。简而言之,提升客户满意度是现代物流管理的最终目标,物流企业制定经营战略时首要考虑的因素就是客户服务,从而对客户进行差别化战略的实施。物流服务是指企业提供各种物流活动以促进客户物流需求得以满足的结果。物流服务并不会提升商品的实质效用,更主要的是产生时间和空间效用。

物流服务作为提供物流服务的现代企业的产品,它的产品内容即为物流服务内容,所以,可以将物流服务看成是物流企业的服务。不过物流企业的服务不仅仅包括产品经营,同时也要做好客户服务,服务的满意度、客户服务信息系统的可靠性、货运代理的便利度、运输和存储能力的保证等都是需要考虑的因素。

综上所述，物流服务是对客户及客户商品带来增值效用的一种保证，它包含了四种要素：①意识保证，共享客户的经营理念；②备货保证，拥有客户所期望的商品；③输送保证，在客户所期望的时间内传递商品；④品质保证，符合客户所期望的质量。

根据在价值链中的定位，物流企业提供的服务可以分为四个层次，即功能型物流服务、增值型物流服务、集成供应链服务和个性化供应链服务。

(1)功能型物流服务。功能型物流服务类企业只提供诸如货代、运输、仓储或配送中的某一单项服务。通过自身的资源来促进物流服务的经营效率，确保其比自营的运作成本更低且具有更高效率的物流运输，这也是提升自身竞争力的表现。功能型物流服务是专业化物流服务的基础和前提。这一类型的物流企业要获得快速的发展，就应该基于功能型物流的基础上去提供各种增值型物流服务，为客户的非核心业务提供服务，从而拓展自身的利润渠道。

(2)增值型物流服务。增值功能的组成要素并非固定的，对于增值服务功能，现在还没有清晰的定义。系统的来说，在物流过程中出现却又不失基本功能的都可以归为增值功能一类。像到货检验、货物跟踪、重新包装、简单加工、贴价格标签或者条形码等都属于增值服务的一种。增值型物流服务和科学技术的发展有着密不可分的关系，主要是为了达到提升工作效率、降低运作成本以及提升服务水平等目标，确保其在市场经济条件下具有更强的竞争优势。

(3)集成供应链服务。提供集成供应链服务的物流企业已经不再是货运或仓储公司，而是集中了仓储、运输、配送、包装以及各种增值服务的组织，他们能为客户提供的物流服务将更为专业、高效且长期稳定，从而有效地提升了客户满足度，也让服务质量得以不断的优化。

(4)个性化供应链服务。个性化供应链服务类物流企业也不再以占有物流资源为目标，他们既能够完成集成供应链服务，也能通过自身的专业性为客户提供有规划、更加优化的物流服务体系，促进物流运作效率和效益的双重提升，具有更快的反应能力和更高的服务水平，也能够满足客户可持续发展战略的需要。

以上四个层次的服务在能力上是逐步提升的，其在市场上的竞争力也是逐步增强的。物流企业必须根据自己的实际能力进行自我定位，在做精、做强自己的核心业务的基础上再寻求服务层次的提升。

2. 运输企业的客户延伸服务

在物流服务业竞争极为激烈的今天,现代物流企业的客户服务除应做好运输、存储、配送、包装、流通加工、提供物流信息等基本服务外,还应具备以下延伸性增值服务能力:

(1)需求预测功能。在现代物流管理中,通过物流预测功能可以确定产品是如何向配送中心和仓库进行分配的。需求预测会影响生产计划,进而影响采购需求。特别是物流中的存储、运输等各项业务活动的计划都是以预测的资料为基础制订的。为计划和协调设施的生产能力,需要精确地进行预测。物流经理可以使用预测和预测产生的计划在成本最低的前提下对资源进行合理分配。

(2)物流系统设计及网络规划。综合物流服务的目标是提升客户满足度,所以应该整体地看待客户的需求,从而选择最优的绩效目标,为了这一目标,有时候放弃一些局部利益也是可行的。现代物流企业应该是客户的物流专家,能够为客户提供物流系统和规划网络的设计,为客户实现运输商、仓储商和其他物流服务提供商的选择和评价任务,通过物流管理和决策服务的优化,促进自身盈利能力和盈利机会的提升。随着全球经济一体化的发展,企业的活动离不开市场这一大环境,因此物流活动范围将更广,甚至拓展到全球。所以,只有实现网络化的现代物流服务,才能更好地及时追踪客户的物流活动,并确保服务能够涵盖用户的所有业务活动,如此才能让客户从物流中解脱出来,专攻于自身的核心竞争力。

(3)金融功能。第一,结算功能。现代物流企业的金融结算功能是最常见的物流服务的延伸功能。物流企业的结算不仅是物流费用的结算,在从事代理、配送的情况下,物流企业还要替客户向收货人结算货款等。第二,物流银行。物流企业在不断创新物流服务过程中,又开发了新的物流服务,即利用现代信息技术,结合现代物流运作,整合物流与资金资源的服务延伸功能——物流银行。物流银行是采取仓单质押的方法以获取银行融资的资金中心,仓单质押融资是指企业在物流公司的仓库中存储一定的货物,并持着物流公司开具的仓储凭证来获取银行贷款并由物流公司代为进行货物监管的形式。在这个过程中,物流公司是作为中间人和担保人。这是一种现代物流发展的必然产物,对于解决中小企业融资难和银行贷款难的问题具有很多的作用,有效缓解了银行和企业之间的矛盾。物流企业在银行和企业之间起到了担保的作用,不但将很多中小企业的融资难问题解决,也使得银行资金的安全性更高,从而减少投资风险。

3. 运输企业的服务管理原则

对于运输企业而言,服务管理是一项系统工程,需要遵循一定的原则。

(1)从产品导向向市场导向转变。物流服务水平的确定不能仅从供给方的条件出发,而应该充分考虑需求方的要求,即从产品导向向市场导向转变。产品导向型的物流服务由于是根据供给方自身情况决定的,一方面难以真正满足客户的需求,容易出现服务水平设定失误;另一方面也无法根据市场环境和竞争格局的变化及时加以调整。而市场导向型的物流服务正好相反,它是根据经营部门的信息和竞争企业的服务水平相应制定的。因此,既避免了过剩服务的出现,又能对过程进行及时控制。

(2)随渠道主导权变化而变化。在确定物流服务要素和服务水平的过程中,需要注意服务的客户对象应随渠道主导权的变化而变化。例如,在商品不发达的时期,制造商控制着渠道,这时制造商的物流服务只面向批发商。但随着近几年零售业的迅速发展,零售商特别是大型连锁零售商已成为渠道主导力量,这就要求物流的服务系统和设施开展符合零售商要求的配送(如多频度配送等)、库存、包装、流通加工和信息化建设的零售支持服务。

(3)制定多种物流服务组合。客户的业种和业态不断拓展,也催生了多样化的客户需求,所以发展多种物流服务组合也成为了新趋势。现在,很多物流企业只能提供统一的物流服务,将使得物流服务效率大打折扣。企业应该根据经营资源的配置合理化角度来选择物流服务,即应该从客户的类型和需求来确定物流服务。通常来说需要考虑的因素包括客户的经营规模、类型和企业贡献度等,进而选择是采取支援型、维持型还是受动型物流服务。支援型策略可以用于对本企业具有较大贡献度的客户;至于贡献度有限的小客户,则还要考虑经营规模和类型来选择合适的服务策略。维持型策略则可以针对一些虽然规模有限,但是具有较大发展潜力的专业型客户,这对于未来调整策略来说还是非常有利的。相对的,若是规模不大且综合型较高的客户,其未来发展潜力不大,则可以适当考虑受动型策略,也就是说只有当客户有需求时才提供服务活动。

(4)建立能把握市场环境变化的物流服务管理体制。市场形势、竞争企业状况、季节变化以及商品特性等因素都会影响物流服务水平,因此,需要建立专业的物流服务管理体制来确保对市场环境变化予以及时的掌握。很多欧美国家就将物流服务囊括在客户服务中,并由客户服务部门来承担相应的管理责任。像中国很多企业就应该建立物流服务相关信息系统,为不断提升客户满意度和完善管理组织和责任体制做好充分的准备。不过由发达国家的实践经验也得知,若是由物流部门单独制定物流服务管理体系则可能效用并不会很大甚至失败,所以往往要建立函括生产、销售以及物流于一体的综合管理体制才能实现更加高效的管理。

(5)不断对物流服务的绩效进行评价。物流服务的实施情况应该每隔一段时间就定时进行核查。特别需要关注的是,销售部门或客户是否存在对物流现状的抱怨、有没有错误配送、事故破损是否严重、是否向客户做过调查、所设定的服务水平是否得以实现、在物流成本上应保持多大的合理性等问题。总之,对物流服务绩效进行评价的目的在于不断适应客户需求的变化,及时制定出最佳的客户服务组合。所以,定期了解客户满意度、改善物流系统是物流服务中的关键因素。

五、运输决策管理

运输是现代物流的重要职能,其管理与作业水平的高低直接影响和决定整个物流过程的运营成本、效率与客户满意度,而准确的决策过程是搞好现代物流的基础之一。运输决策包含的范围很广,其中主要的决策包括:运输线路选择、运输线路优化、运输网络设计、运输服务商决策等。

(一)运输决策的基础内容

1. 运输决策的内涵

(1)运输决策的参与者。一个国家的运输业虽然可以促进经济发展,带动人口就业,提高整体收入水平,但是与此同时,繁荣的运输行业也存在一些不可避免的问题,竞争力的日益剧增无疑加大了整个行业的压力,资源过度消耗、安全保卫问题、环境污染问题等都引起了政府部门的高度关注。对运输企业而言,外部易受到社会环境因素影响,内部则会受到政府政策的制约,因此为了给收货方和承运方提供更完善的运输服务,就要更加了解客户需求,并结合自身运营机制与生产需求,做出利益最大化的决策。由此可见,在整个过程中,托运方、收货方与承运方对企业的正常运转扮演着至关重要的角色。

1)企业。为达到收益最大化,企业不仅要考虑如何在满足客户需求的同时降低运输成本,还需要考虑将运输服务外包给哪些三方平台更有利于公司发展,这一系列的决策对公司的稳步发展起到决定性作用。除此之外,运输企业需要与承运方做好沟通协调,提前规划运送时间和运输方式,并根据相关需求提前做好预备方案,明确货运时间点及赔付条款,及时上传装货信息和签发证件,为后续的顺利运输做好保障。

2)客户。客户这里指收货人,即企业的客户,包括供应链中的制造商、中间商、零售商和末端消费者。

在运输市场上,大多数客户会选择运输服务优质、运输方式多样、运输成本最低的承运方,所以市场上的竞争便逐渐增大,这种良性的竞争局面更有利于促进运输方向前发展。很多客户为了满足自身需求,会依据自身生产模式和计划制定相应的运输规划,明确货运时间、货运方式及目的地,将所消耗的费用细节化、具体化,如果出现意外情况更加便于追究责任。

3)承运人。承运人的定义较为宽泛,不仅涉及企业承运方、自营承运方,也包括三方承运方和公共承运方等。作为承运方,运输成本最小化收益最大化是首要的工作准则,因此大多数承运方更加倾向选择运输时间灵活,运输方式不固定的订单,这样有利于减少燃料成本,整合资源,进行批量运输,从而减少运输费用支出,降低成本。

总之,运输决策就是要处理好企业、客户与承运人之间的相互关系,选择有利于三方发展的运输方案。

(2)运输决策的影响因素。任何企业的运输决策,如制造企业、商业连锁企业、第三方物流企业等,在制定运输决策时,必须从两方面权衡:一是运输成本与库存成本的权衡,二是运输成本与用户服务水平的权衡。目前,越来越多的制造企业采用先进的生产方式,如JIT生产方式等。采用这些先进的生产方式可有效地降低库存成本，但却导致运输成本的上升，相应的运输费用和运输频率都会增加，承运人的运输压力增大。反之，如果企业为了降低运输成本而增加订货批量，就会增加库存成本。而承运人为了降低运输成本采取集中运输等方式，会在一定程度上降低运输服务水平。因此，企业运输决策的制定，需要在运输成本、库存成本和服务水平之间寻求恰当的平衡。服务水平和成本是影响企业运输决策的主要因素。

1）服务水平。高服务水平必然引起高服务成本，企业只有在权衡好运输成本和用户服务水平之间的相互关系后，才能答应用户的进一步要求。由于用户要求的运输服务水平要在合同中体现，因此决策时要慎重考虑。

2）成本。生产企业关心的是在保证提供给客户一个合适的服务水平下，能否使用运输实现全部成本最小。全部成本是影响企业运输决策的因素，包括运输成本、库存成本、设施成本、过程成本和服务成本等。为此，为了实现全部成本最小化，企业要权衡自营还是外包运输、运输网络设计等决策问题。

承运人制定运输决策关心的是选择什么样的运输系统和随后采用的运营决策能否带来成本的降低。这些成本包括与运输工具相关的成本（如租赁或自购）、固定运营成本、与质量相关的成本和管理费用等。为了有效降低成本，承运人要考虑干线运输和城市配送运输的组织及决策等问题。

（3）运输决策对物流企业的作用。物流企业在为生产企业提供运输服务的过程中，越来越受到企业运输决策的制约。一般而言，低成本、快速、高可靠性、灵活、方便这些服务性能指标是企业对运输的核心要求。然而，这些性能指标有些是效益悖反的，如高服务质量必然带来运输成本的增加，因此，物流企业如何在满足客户要求的情况下尽可能地降低运输成本，运输决策起到关键作用。

1）运输决策影响物流系统的合理化。企业的物流系统是由多方面业务组成的，涉猎范围包括货运路线、仓库管理、搬运环节、存储系统等。为了保证货品在运送过程中不被损坏，所选择的运输方式往往与产品特性相挂钩，如若单一的运输方式无法满足需求，还可将多种运输方式组合使用。举例来说，采用航空和高铁运输货物速度较快，但成本较高，可以运送储存时间较短的货品。而公路运输较为灵活机动，可上门送货，做到“点”对“点”服务。所以，建立企业的物流系统需要从多方面考虑，充分发挥各个环节的作用，相辅相成，将成本最小化，收益最大化。

2)运输决策影响企业物流成本的降低。运输决策在物流系统运转中起到决定性作用,一个好的决策方案可以压降运输成本,节省运输时间。随着企业的生产水平不断提高,企业对运输方的要求也越来越高,比如限时运输就是一种对时间要求较高的运输方式,但这种方式的运输成本往往比其他方式要高。因此,企业在做决策时需要综合考量,运输技术、运输设备、运输路线和整合资源等都对企业发展有着重要影响。

3)运输决策影响企业对市场的快速反应。一家杰出的运输企业往往具备较为丰富的运输资源,这使他们在市场上更有主动权,面对市场的需求变化也更加灵活机动,一旦市场需求发生较大的波动时,已有的运输资源可以帮助企业及时调整运输计划,将损失最小化。由此可见,运输资源对企业及时调整运输计划起到决定性作用。但凡事都具有两面性,企业自行运输模式往往会产生更多的运输成本,因为除了考虑市场风险外,还要考虑维护客户关系、处理意外事件的方案等。因此,为了减少不必要的资源消耗,企业会积极维护与承运方的合作关系,争取掌握住最大程度的运输资源。

2. 运输决策的效果评价

物流企业的运输决策效果评价主要关心的是企业运输资源的利用效率,无论企业是自有运输设备还是外租运输设备,运输设备的利用效率、运输设施的使用情况,都是企业评价运输决策是否合理的重要依据。

(1)运输设备的利用。运输设备主要是指用于货物运输的工具,如汽车、火车、船、飞机等,最大可能地利用这些设备非常重要,设备利用率高意味着移动物品费用低或设备处理货物时间短。企业可以通过对运输设备在时间、速度、行程、载重量及动力方面的利用情况,建立如工作率、总车时利用率、运送速度、里程利用率、载重量利用率等评价指标,对运输决策进行评价。

(2)运输设施的使用。运输设施主要是指运输设备停靠和使用的设施,包括运输结点和运输线路。企业在选择使用这些设施时,主要评价包括线路里程和方便性、公路拥挤度、铁路请车满足率、港口泊位数、港口机械化作业率和机场拥挤度等。考察运输设施的使用情况能够衡量货物到达和离开设施之间的时间,有利于企业比较准确地计算运送时间。

(二)运输线路选择

运输线路的选择影响到运输设备和人员的利用,正确地确定合理的运输线路可以降低运输成本,因此,运输线路的确定是运输决策的一个重要内容。线路选择主要是选择起点到终点的最短路径,不同运输方式的线路选择不同。最短路径的度量单位可以是时间最短、距离最短或费用最少等。尽管路线选择问题种类繁多,但可以将其归纳为以下类型:①中间点相同,起讫点不同;②中间点不同,起讫点相同;③多个起点,多个终点,没有中间点;④多个起点,多个终点,有中间点或转运点。

1. 起讫点不同的单一问题选择

对分离的、单个始发点和终点的网络运输线路选择问题,最简单和最直观的方法是最短路径法(Shortest Route Method)。网络节点由节点和线组成,点与点之间由线连接,线代表点与点之间的运行成本(距离、时间或时间和距离加权的组合)。最初,除始发点外,所有节点都被认为是未解,即均未确定是否在选定的运输线路上。始发点作为已解的节点,计算从原点开始。一般步骤是:

(1)第 n 次迭代的目标。寻求第 n 次最近始发点的节点,重复 n=1,2,…,n,直到最近的节点是终点为止。

(2)第 n 次迭代的输入值。在前面的迭代过程中,找出 n-1 个或多个尚未解的节点,以及其距起点最短的路径和距离。这些节点和始发点称为已解的节点,其余的节点是尚未解的节点。

(3)第 n 个最近节点的候选点。每个已解的节点由线路分支通向一个或多个尚未解的节点,这些未解的节点中有一个以最短路线分支连接的即是候选点。

(4)第 n 个最近点的计算。将每个已解的节点及其候选点之间的距离和从始发点到该已解节点之间的距离加起来,总距离最短的候选点即是第 n 个最近的节点,也就是始发点到达该节点最短距离的路径。

2. 起讫点重合的问题选择

起讫点相同的运输问题主要是指车辆从设定点出发访问一定数量顾客后又回

到原来出发点的线路确定问题。现实生活中存在着许多这样的问题，如配送车辆送货、邮递员送报、送奶工送牛奶、垃圾车辆收集垃圾等。这些问题求解的目标是寻求访问各点的次序，并使运行时间或距离最小化。下面简要介绍几种求解方法。

（1）经验试探法。经验试探法是解决起讫点相同的运输问题的较为简单、有效的方法。按照实际运输工作经验，当运输线路不发生交叉时，车辆经过各停留点的次序是合理的，同时，如有可能应尽量使运行路线形成水滴状。在实际工作中，运输管理人员可以很快画出一张路线图，这比计算机计算更为简单迅速。当然，如果点与点之间的空间关系并不真正代表其运行时间或距离（如有路障、单行路线、交通拥挤等），或者运输线路较为复杂，则使用计算机寻求路线上的停留点的合理次序更为方便。

（2）数学求解法。在运筹学中，有关起讫点相同的运输问题可以归结为基本运输问题中的邮差问题和旅行商问题（Traveling Salesman Problem，TSP）。不过，二者具有各自不同的求解思路和方法。

邮差问题可以表述为：一个邮递员每次送信，从邮局出发必须至少依次经过他负责投递的每一条街道，待完成任务后再回到邮局，那么他该如何选择投递路线，以使自己所走的路线最短。该问题的基本求解思路是：如果一个邮递员所负责范围的街道中没有奇点（也就是奇数条街相连接所形成的端点），那么他可以从邮局出发，每条街道走且仅走一次，最后回到邮局，这样他所走的路线就是最短路线；对于有奇点的街道，邮递员就必须重复走某条街道，但应该使重复街道的总权数（总的路程或时间）最小，从而保证他所走的路线最短。

旅行商问题可以表述为：一个旅行者从某城市出发，经过所有要到达的城市后，再返回出发地，那么他该如何选择行程路线，以使总路程最短或费用、时间最少。解决旅行商问题目前有很多种算法，如最邻近法、节约算法、神经网络、遗传算法、免疫算法等。

3. 多起讫点的问题选择

（1）多个起点，多个终点，没有中间点。在实际运输中会碰到多个供应商供应给多个工厂的问题，或者把不同工厂生产的同一产品分配到不同客户处的问题，起点和终点都不是单一的。在这类问题中，各供应点的供应量往往有所限制，且需求点的需求量也存在限制。对于这种情形,可将其视为运输问题,利用线性规划或表上作业法求解。

(2)多个起点,多个终点,有中间点。这种情形实际上就是转运问题,可以利用相关规则约束,将其转化为运输问题,利用运输问题的模型求解。值得说明的是,路线选择问题中运输配送系统是相当复杂的,这里介绍的仅是其中最简单的一部分,并没有考虑模型中更多的约束,但其建模的思路与分析方法都基本相同。

(三)运输线路优化

(1)物流运输的优化模型。按商品的自然流向组织商品合理运输是市场经济规律的客观要求,它直接决定着商品物流的效率与效果。合理的商品运输不仅能节约物流成本,提高商品流动的速度,而且由于它能有效地连接生产与消费,从而既有利于物流服务和商品附加值的实现,又能有效地促进生产商按需生产,真正使配送管理建立在时需经营的基础上。为了制订在产销平衡条件下的运量规划方案,必须建立数学模型,运用数学方法来解决。

(2)图表分析法。图表分析法是在分区产销平衡所确定的供销区域内,按照生产地与消费地的地理分布,根据有利于生产、有利于市场供给、近产近销的原则,应用交通路线示意图和商品产销平衡表找出产销地之间经济合理的商品运输线路。

(3)图上作业法。图上作业法就是利用商品产地和销地的地理分布和交通路线示意图,采用科学的规划方法,制订商品合理运输方案,以求得商品运输最小吨公里数的方法。图上作业法适用于交通路线为线状、圈状,而且对产销地点的数量没有严格限制的情况。图上作业法的原则可以归纳为:流向划右方,对流不应当;里圈、外圈分别算,要求不过半圈长;如若超过半圈长,应甩运量最小段;反复求算最优方案。

(4)表上作业法。表上作业法在寻求运输网络系统的优化方案时有两种方法:最小费用法和左上角法。第一,最小费用法。最小费用法就是直接以商品运输费用最小作为目标函数来求得最优运输方案。一般都是利用单位运价表和产销平衡表等表格,运用霍撒克法则进行表上作业,通过编制初始运输方案、调整求出运费最省的优化方案。第二,左上角法。除了用最小费用法外,左上角法也是求得初始运输方案的一种途径,并通过霍撒克法则最终得出最优运输方案。

(6)供求不均衡的运输模型。均衡是经济活动的基本要求,运输亦然。但在实际的物流运输中,由于经济活动和市场环境的多变性,使运输中的均衡与不均衡都可以理解为是一种常态。

(四)运输网络设计

运输网络的设计,是指建立一个框架结构,以便及时调整关于运输线路和运输日程安排的运输决策,从而影响整条供应链的运营。设计良好的运输网络有助于供应链以较低的成本达到理想的反应能力水平。

下面将讨论在存在多个零售商和供应商的情况下,零售供应链中的运输网络设计的多种类型。

1.直接运输网络

直接运输(Direct Shipment Network)网络的主要优势在于无须中介仓库,而且在操作和协调上简单易行,一次运输决策不影响别的货物运输。同时,由于每次运输都是直接的,从供应商到零售商的运输时间较短。如果零售店的规模足够大,对供应商和零售店来说,每次的最佳补给规模都与卡车的最大装载量的倍数相接近,那么直接运输网络就是行之有效的。但对于规模小的零售店来说,直接运输网络的成本过高,从供应商到零售店的货运必然是以大批量进行的,这会导致供应链中库存成本的提高;相反,如果使用非满载承运,尽管库存量较少,但却要花费较高的运输费用和较长的运输时间。如果使用包裹承运,运输成本会非常高。而且,由于每个供应商必须单独运送每件货物,这将导致较高的货物接收成本。

2.利用“送奶线路”的配送网络

送奶线路是指一辆卡车将从一个供应商那里提取的货物送到多家零售店,或者将从多个供应商那里提取的货物送至一家零售店时所经过的线路。在这种运输体系中,供应商通过一辆车直接向多家零售店供货,或者由一辆卡车从多个供应商那里装载要运到一家零售店的货物。一旦选择这种运输体系,供应链管理者就必须对每条送奶线路进行规划。直接运输具有无须中介仓库的好处,而送奶线路通过多家零售店在一辆卡车上的联合运输降低了成本。例如,由于每家零售店的库存补给规模都较小,这就要求使用非满载运输进行直接送货,而送奶线路使多家零售店的货物运送可以在同一卡车上进行,从而更好地利用了卡车并降低了运输成本,可有规律地进行经常性、小规模的运送,而且当一系列的供应商或零售商在空间上非常接近时,送奶线路的使用将显著地降低成本。

3. 所有货物通过配送中心的运输网络

在所有货物通过配送中心的运输网络这一运输体系中,供应商并不直接将货物发送到零售店,而是先运到配送中心,再运到零售店。零售供应链依据空间位置为零售店划分区域,并在每个区域建立一个配送中心。供应商将货物送至配送中心,然后由配送中心选择合适的运输方式将货物送至零售店。

在所有货物通过配送中心的运输网络这一运输体系中,配送中心是供应商和零售商之间的中间环节,发挥着两种不同的作用:一方面进行货物保管,另一方面则起着转运点的作用。当供应商和零售店之间的距离较远、运费较高时,配送中心(通过货物暂存和转运)有利于减少供应链中的成本耗费。通过使进货点靠近最终目的地,配送中心使供应链获取了规模经济效益,因为每个供应商都将中心管辖范围内的所有零售店的进货送至该配送中心,而且,配送中心的送货费用不会太高,因为它只为附近的零售店送货。

4. “量身定做”的运输网络

量身定做的运输网络(Tailored Network)是上述运输体系的综合运用。它在运输过程中综合利用货物对接、送奶线路、满载和非满载承运,甚至在某些情况下使用包裹递送,目的是视具体情况采用合适的运输方案。送到大规模商店的大批量产品可以直接运送,送到小商店的小批量产品可以通过配送中心运送。这种运输体系的管理是很复杂的,因为需运送大量不同的产品,而且不同商店使用不同的运送程序。量身定做的运输网络的运营,要求较多的信息基础设施及其导致的投资,以便进行协调,但这种运输网络也可以有选择地使用送货方法,以降低运输成本和库存成本。

(五)运输服务商的决策

只要运输企业没有垄断存在,对于同一种运输方式,托运人或货主就有机会面对不同的运输服务商,而托运人或货主甚至在供应商确定运输方式后,就需要选择出适配度最高的运输服务商,实质上对运输服务商的决策是对其所提供的服务水平和条件的决策。不同客户对运输服务和运输服务商的要求是不同的,在此主要从服务质量和服务价格的角度来考虑运输服务商决策。

1.服务原理

客户对服务商的决策标准会根据自身的不同利益和需要制定,以不同的评价标准和偏好进行,这是由服务本身的无形性和附属性所决定的。

(1)服务的特征。与有形产品相比,服务(也可以理解为运输服务)具有以下共同的特征:

1)不可感知性(Intangibity)。首先,构成服务的很多元素都无实体形态,大多表现为一种行为方式,甚至是隐含的;其次,客户在接受服务之前往往很难确定所能得到的服务质量,因为服务多是抽象的;再次,客户在接受服务后,有时很难立即感受到服务所带来的利益,也难以对服务质量进行客观评价。当然,服务的不可感知性不是绝对的,一些服务也具有有形的特点。例如,在运输服务过程中,对车辆运输过程的路线选择、监控管理、信息反馈等,还有对车辆本身、信息技术设备等有形的物质条件的服务是可以事前感知的。

2)不可分离性(Inseparability)。服务与生产不同,它具有与实物的不可分离性,即服务生产过程与服务过程同时进行,也就是说在向客户提供服务时,也正是客户接受和消费服务的时刻,二者在时间上不可分离。客户只有而且必须加入服务的生产过程中才能最终使用和消费服务。如在客户查询货物在途或到达信息时,也正是提供货运服务的供应商的客户服务人员或信息系统工作的过程。

3)差异性(Heterogeneity)。差异性是指服务的提供很难像有形产品那样实现标准化,每次服务带给客户的效用、客户感知的服务质量是不同的。这主要表现在三个方面:①服务人员的心理状态、服务技能、工作态度等大多是不同的,即使由同一服务人员提供的服务,在质量上也可能会因时间、环境的变化而有差异。②客户的原因,如知识水平、爱好、对服务的要求等,也直接影响服务的质量和效果。如同样是需要提供货物运输的"门到门"服务,有的客户有非常严格的时限要求,有的则无所谓;有的客户对及时的信息反馈要求非常高,有的则相对较低。③由于服务人员与客户之间相互作用的原因,在服务的不同次数的购买和消费过程中,即使是同一服务人员向同一客户提供的服务,也可能存在差异。

4)不可存储性(Perishability)。服务与有形产品的重要差别在于存储性。产品是有形的,因而可以存储;服务则无法存储。运输和配送等只是一个过程,无法在某一年生产并贮存,然后在下一年销售或使用。

5)所有权的不可转让性(Absence Ownership)。服务的生产和消费过程中不涉及任何所有权的转移。既然服务是无形的又不可存储,服务产品在交易完成后便会消失,客户没有必要实质性地拥有服务,而只需感受它的结果。如在运输中,客户要求的是商品从甲地平稳、准确地运达乙地,而对车辆、设施等的归属并无要求。

从上述特征的分析中不难看出,"不可感知性"被认为是服务产品的最基本特征,其他特征都是从这一特征派生出来的。

(2)服务质量的定义。服务质量可以被定义为客户对实际所获得的服务与客户对服务的期望值之间的差距。因此,服务质量是一个具有主观特点的概念,它取决于客户对服务的预期质量和实际体验质量(即客户实际感知到的服务质量)之间的对比。在客户的实际体验质量达到或超过预期质量时,客户就感觉满意,认为服务质量较高;反之,则会认为服务质量较低。客户实际感知的服务质量包括技术质量和功能质量两个方面。技术质量是指服务过程中的产出,即客户在服务中所得到的实质内容,如物流运输企业的设施为客户提供的安全、舒适、高效的服务体验,它也包括服务过程中使用的技术设备、器械、信息系统等硬件要素。技术质量可以通过比较直观的方式加以评估,客户也容易感知,从而成为客户评价运输服务好坏的重要依据。功能质量则是指服务的技术性要素是如何实现的,即服务的生产过程,包括服务人员的态度与行为、企业的内部关系、对客户的了解程度、行业知识和专业经验等软件要素。

(3)服务利润链。服务利润链描述的是员工满意度、服务质量、客户满意度、企业绩效之间的关系。员工满意与客户满意之间的中间环节是企业外部服务质量,即企业直接向外部客户展示的服务质量。上述四者之间存在着明显的正相关关系。员工对企业的满意程度较高,企业内部员工流失率低,员工都能热情地投入服务过程,服务效率就会提高,从而降低客户为获取服务所花费的成本,包括消费之前的信息收集成本、等待成本以及消费之后不满意时为获得补偿而支付的成本等,进而提高客户满意度。客户满意度的提高,则会带来企业经营业绩的改善。要使这一正相关的"链条"能够顺利地联动起来,关键在于企业内部服务质量,即企业管理层为一线员工营造的工作条件和氛围。

(4)服务质量管理模式。服务质量管理主要有三种模式:服务生产模式、客户满意模式和相互交往模式。

1)服务生产模式。服务生产模式的理论基础是美国管理学家莱维特在 20 世纪 70 年代提出的"服务工业化"的观点。他认为管理人员可以通过生产体系客观地控制无形产品的质量,企业可以使用现代化设备(硬技术)和精心设计的操作体系(软技术)取代劳动密集型的工作,进行大规模生产。

2)客户满意模式。客户满意模式强调管理者和营销人员应从客户的角度来看待服务和服务质量,认为客户是否会选择并重复地从某个企业购买服务,在服务过程中是否会与服务人员合作,是否会向他人介绍这种服务,是由客户对服务过程及其结果的主观评价决定的。

3)相互交往模式。相互交往模式把服务人员与客户间面对面的交往看成是服务的核心。管理人员应根据人际关系理论、角色理论等相互交往理论,分析面对面服务,指导面对面服务设计和管理工作。

2. 运输服务质量决策

客户在付出同等运费的情况下,总希望得到更为满意的服务。因此,服务质量往往成为客户选择不同运输服务商的首要标准。

(1)运输质量。运输所体现的价值是把货物从一个地方运送到另一个地方,完成地理上的位移,而无须对货物本身进行任何加工。但如果运输保管不当,就会对货物的质量产生影响。因此,客户在选择运输服务时会将其运输质量作为一个重要的因素来考虑。以海运为例,客户通常从以下方面进行考虑:

1)该航运企业提供运输的工具,如船舶的船龄、船舶状态、集装箱新旧程度以及船上各种设施的使用效率、现代化水平等。

2）该航运企业所雇佣的装卸公司的服务质量。因为货物在装卸过程中容易造成货损、货差，所以装卸工人的服务质量会直接影响到货物的运输质量。

3）该航运企业所雇佣的船员的经验和工作责任心。除船舶条件外，船员丰富的经验及高超的船艺是保证货物安全运输的首要条件，这可以由该航运企业的安全航行率来反映。船员除了完成航行任务外，还承担着照料货物的责任，因此，船员从货物运入船舱后的绑扎，航行途中根据货物的性质和运输要求进行通风或温度控制，到卸货时的卸载等都影响货物的运输质量。

4）该航运企业的货物运输控制流程。良好的运输控制流程可保证货物及时、准确地发运、转运和卸载，减少货物的灭失、错卸、短卸和溢卸及错误交付等，从而保证运输质量。同时在运输流程控制中，要特别注意回程的货运安排，回空是最大的损失，也是导致运输成本控制质量降低的重要因素。

（2）服务水平。随着各服务商运输质量的提高，客户对服务的要求也越来越高，于是客户在选择不同的运输服务商时还会考虑其他方面的服务水平或服务理念，如：

1）运输的准班率。较高的准班率可以方便客户对货物的库存和发运进行控制，同时也为其安排接运等提供了便利。

2）航班的时间间隔、船舶的发船密度、铁路运输的发车间隔等。合理的时间间隔同样可以方便客户选择托运的时间及发货的密度等。

3）单证的准确率，包括品种、规格、数量、舱位、起止时间等的填写、打印的准确性。

4）信息查询的方便程度。不同的服务商除了提供运输服务以外，还在附加服务上进行投入，如价格查询、航班查询及货物跟踪等服务，这都是现代货主在选择运输服务商时的重要考虑因素。

5）货运纠纷的处理。无论服务商如何提高运输质量，改进服务水平，货运纠纷都难免发生，发生纠纷后如何及时圆满地处理也是客户所关心的。

3. 运输价格决策

运输服务商为了稳定自己已经占有的市场份额或希望进一步提高自己的市场占有率，都会努力提高服务质量，尽最大努力满足客户的要求。随着市场竞争的日益激烈,对于运输某些货物来说,不同类型的服务商所提供的服务质量已近乎相同,此时,运输价格很容易成为各服务商的最后竞争手段。于是,客户在选择运输服务商时,面对几乎相同的服务质量和其他相关条件,或者有些客户对服务质量要求不高时,运输价格就成为选择运输服务商的一个重要决策准则。由于不同运输服务商制定价格的选择基础不同,因此,使用的定价方法也不相同,就运输企业定价而言,归纳起来大致包括以下六类:

(1)服务合同定价法。服务合同定价法是成本加成定价法(即在生产和经营成本基础上加上若干利润百分点)中常用的一种形式。服务产品大多属于非标准产品,即使有统一规定的价格,在实际服务中,价与质的差异往往还是很大的,因此其价格的确定难度较大。所谓服务合同定价法,是指企业的非标准产品在无市场价格资料可供参考时,只能以实际作业成本为基础协商定价,并签入合同的一种定价方法。

(2)需求导向定价法。需求导向定价法是根据市场需求强度来确定运输的价格,不是仅仅考虑成本,而是注意到市场需求的强度和客户的价值观,根据目标客户所能接受的价格水平定价。即在市场需求强度大时,可以适当提高价格;而在市场需求强度小时,则适当降价。这种定价方法综合考虑了成本、产品或服务的市场寿命周期、市场购买能力、客户心理等因素。需求导向定价法包括:习惯定价法、理解价值定价法、区分需求定价法、比较定价法等。

(3)竞争导向定价法。竞争导向定价法是根据同一市场上竞争对手的运输价格来制定本企业的运输价格,这种方法简便易行。竞争导向定价法主要有:随行就市定价法、低于竞争者服务价格定价法、高于竞争者服务价格定价法、投标定价法、变动成本定价法等。

(4)折扣定价法。在大多数物流服务市场上都可以采用折扣定价法,通过折扣方式可以达到两个目的:折扣是对服务承揽支付的报酬,以此来促进物流服务消费(某些市场付给中间者的酬金)的产生,折扣也是一种促销的手段,可以鼓励提早付款或高峰期以外的物流消费。

(5)以满意为基础的定价。以满意为基础的定价策略目标在于缓和、减轻客户的购买风险。

(6)关系定价策略。关系营销包括建立、保持并加强与客户的关系(通常是指长期关系）。物流服务企业如果能较长期地为现有客户提供更多的运输服务，那么它肯定会从中获利。同样，客户如果与一家可胜任的、可靠的物流服务企业建立合作伙伴关系，也会从中获利。物流服务企业要制定一个有助于与客户形成持久合作关系的具有创造性的定价策略。这种定价策略能够刺激客户多购买本企业物流服务而抵制竞争者提供的物流服务。为此，首先要理解客户与本企业发展长期关系的需要和动机；其次，要分析潜在竞争者的获利举动。一般而言，"双赢"是关系定价的基本概念，该策略可以采用长期合同和多购优惠两种方式。

第三节　运输合同管理

一、运输合同的特征与分类

（一）运输合同的特征

货物运输合同也叫货运合同，其订立、变更及解除应遵守《中华人民共和国合同法》的规定。"合同签订前，合同承办人应当将拟签合同文本、合同审查意见书及相关资料送本单位相关业务、计划、财务等部门负责人、合同管理人员和主管领导审查联签。①"货运合同除了具有合同普遍的法律特征外还具有以下特征：

（1）明确当事人权利义务的协议。货运合同是当事人之间为了实现一定的经济目的，明确相互权利义务关系而订立的协议，签订合同的当事人可以是法人，也可以是公民。

（2）标的是运送货物的行为。从表面上看，在货运合同履行中，货物从甲地转移到乙地，但是合同当事人的权利及义务关系并不是围绕货物产生的，而是围绕为

① 胡平海. 对铁路企业合同管理的思考[J]. 铁道运输与经济，2007，29(12)：76.

他人运送货物的行为而产生的。

(3)具有标准合同的性质。大多运输合同的主要条款及各方的权利义务都是国家授权交通运输行政管理部门以法规的形式统一规定的,双方当事人无权自行变更。因此,货运合同往往被制成标准合同。

(4)当事人的特殊性。货运合同的收货人和托运人可以是同一人,但在大多数情况下不是同一人,而是第三人。因此,收货人虽然没有直接参与合同的订立,但他的权利和义务已经按有关法律、法规的规定明确地载明在合同中。

(5)双务有偿合同。承运人与托运人各承担一定的义务,互享一定的权利。承运人有权取得托运人支付的费用,而托运人有权要求承运人将其货物运送到指定地点。

(二)货运合同的类型划分

货物运输业务自身就存在很复杂的特点,这就决定了与此业务相关的运输合同具有种类方面的多样性。

(1)按运输工具划分。货运合同按运输工具不同可分为铁路运输合同、公路运输合同、水路运输合同、航空运输合同和多式联运合同等。

(2)按货物性质划分。货运合同按货物性质不同可分为普通货物运输合同、特殊货物运输合同和危险货物运输合同等。

(3)按合同期限划分。货运合同按期限不同可以划分为长期合同和短期合同。长期合同是指合同期限在一年以上的合同;短期合同是指合同期限在一年以下的合同,如年度、季度、月度合同。

(4)按货物数量划分。货运合同按货物数量不同可以划分为批量合同和运次合同。批量合同一般是一次托运货物数量较多的大宗货物运输合同;运次合同一般是托运货物较少,一个运次即可完成的运输合同。

二、运输合同订立的原则与程序

(一)运输合同订立的基本原则

运输合同订立的原则除了具有一般合同的共性外,还有着自身的一些特性。

(1)合法性原则。所谓合法性,指的是在签订运输合同的内容和程序上必须符合法律的要求,这样才具有法律效力,才能达到签订运输合同以保障当事人权益的目的。

(2)平等互利原则。不论是什么性质的企业,也不论企业规模的大小,在签订运输合同的过程中,双方的法律地位是平等的,体现在合同的内容上就是双方的权利和义务必须对等。

(3)协商一致原则。协商一致原则这一点强调双方必须是在经过协商并在意愿上达成一致后才能签订运输合同,不得将自己的意志强加于另一方。

(4)有偿性原则。运输合同签订后,合同的当事人都享有一样的权利和义务,每一方从对方得到某种利益时要付出相对应的代价,任何一方不能只享受权利而不承担义务。

(二)货运合同订立的主要程序

(1)要约。要约是指一方以订立货运合同为目的,就主要条款向另一方提出建议的意思表示,发出这一表示的为要约方,收到这一表示的为受约方。要约的内容包括希望订立运输合同的意愿、签订运输合同的主要条款、要求对方回复的期限等,一般由托运人提出。

(2)承诺。承诺是受约方接受要约方所发出的要约的行为,这是一方对另一方提出的要约表示完全同意的行为,其成立必须具备以下条件:承诺必须是受约方作出的意思表示,非受约方无权作出承诺;承诺必须向要约方作出,其目的在于订立货物运输合同;承诺必须是完全同意要约的全部条件;必须在要约规定的答复期内作出,否则不成为承诺。实际上在签订货物运输合同的过程中,当事人双方通常要经过反复协商,直至达成一致的意见,也就是要约—新要约—再要约—……直至承诺的复杂过程。

三、运输合同的变更与解除

(一)运输合同的变更与解除的相关概念

(1)货物运输合同的变更。包括对收货人的变更、交货地点的变更两个方面。

变更合同应提交相应的文件如货物运单和变更请求书,承运人根据货物运输情况,决定是否接受变更请求。

(2)货物运输合同的解除。在承运人发运货物以前,托运人可提出解除合同的要求。要求解除合同,托运人应提交的文件是各种运输单据,包括托运单、货票等。

(二)运输合同变更与解除的条件及责任

1. 货运合同变更与解除的条件

托运方或收货方可以根据自身需求实时变更运输合同,调整货品的送货地点、中转站或收货人,但货运合同的变更及解除需要符合以下条件:

(1)承运方有权拒绝以下几个条件下的运输合同变更:①有损国家利益,与法律条款相悖;②与货品流向相反;③超越运输限制范围;④运送易腐货物的时间限制大于原运输时间;⑤蜜蜂运输;⑥变更所运货品中的部分类品;⑦多次变更到站地点。

(2)在整车货品、零担货物、大型集装箱货品挂运或装车前,且托运方与承运方沟通后同意取消托运手续费的情况下,解除运输合同可即时生效。

(3)托运方或收货方可根据自身需求调整或取消托运合同,但需要向始发站、中转站或终点站出示变更申请书。如无法出示领货凭证,则需出示托运方及收货方有效身份证件,且在变更申请书中作出修改,即可办理。

(4)货物已到站且已卸载完毕的整车货物,不再受理变更。

(5)由托运方或收货方提出变更或取消运输,需向承运方支付相应的手续费。在货物运输前取消合同,由始发站返还所有运输费用。在货物到达终点站后变更合同的,需由始发站、中转站和终点站分别计算,返还费用,如已发生的运输费用,需由始发站和中转站与变更手续费一同收取。

2. 货运合同变更与解除后的责任

货物运输合同变更,对运输费用要进行清算,多退少补。如果承运人有损失,请求人要赔偿损失。合同解除时,也要进行清算,该退的运输费用要退还,该收的保管费用要收取。

四、当事人的权利与义务

货运合同指承运人将托运人交付的货物运送到指定的地点，托运人为此支付运费的合同。货运合同往往涉及第三人，即收货人，收货人有时不是货运合同的当事人，但却是合同的利害关系人，享有规定的权利并承担合同规定的义务。

（一）托运人的权利与义务

1. 托运人的主要权利

（1）有权要求承运方在合同规定时间内安全运输货物到指定地点。

（2）在运输合同完成前，托运方可根据自身需求，修改收货地址、收货人或停止运输等，但由此造成的额外费用需由托运方独自承担。

2. 托运人的主要义务

（1）如实申报货运基本情况的义务。

（2）办理有关手续的义务。

（3）包装货物的义务。

（4）支付运费和其他有关费用的义务。

（二）承运人的权利与义务

（1）承运方的权益。①正常收取合同规定的相关费用；②超出合同规定时间提货，承运方有权收取相应保管费用。如收货方拒绝收货或无人领取，承运方有权提存货物或拍卖货物提存价款；③如托运方拒绝支付运输费用、保管费用等，承运方有权处置货品流向，保有物品留置权。

（2）承运方的义务。①严格履行合同内容，在合同规定时间内安全地将货物运输到指定地点。②自接受货品起，承运方需履行安全运输和妥善安置的义务；③在货物到达终点站后，承运方需即时通知收货方来领取货物。

(三)收货人的权利与义务

(1)收货人的权利。①承运人将货物运到指定地点后,持凭证领取货物的权利;②在发现货物短少或灭失时,有请求承运人赔偿的权利。

(2)收货人的义务。①检验货物的义务;②及时提货的义务;③支付托运人少交或未交的运费或其他费用的义务。

五、货运合同的违约责任分析

(一)货运合同中承运人的违约责任

从货物装运时起,至货物运抵到达地交付完毕时止,承运人应对货物的灭失、短少、变质、污染、损坏负责,并按货物实际损失赔偿。但有下列情况之一者除外:

(1)不可抗力。

(2)货物的自然损耗或性质变化。

(3)包装不符合规定(无法从外部发现)。

(4)包装完整无损而内装货物短损、变质。

(5)托运人的过错。

(6)有押运人且不属承运人责任的。

(7)其他经查证非承运人责任造成的损失。

(二)货运合同中托运人的违约责任

托运人在下列情况下,将对货运合同承担违约责任:

(1)未严格履行合同内容,超出运输时间外提供货物而造成损失的,需支付相应补偿。

(2)由于托运方过失造成运输车辆损坏、机具设备运转异常、工作人员伤亡的,需支付相应补偿。

(3)如货物在抵达目的地后,外部包装完好而货物本身有损或变质,导致收货方拒绝收货,或托运方未按合同约定卸载货物而造成损失的,需支付相应费用。

(4)由托运方隐瞒所运货物实情给承运方造成重大损失或危及他人生命财产时,需赔偿相应金额,严重者还需移送有关司法部门处理。

在货物装车运输前,发现货物损坏而要求赔偿的,需由始发站负责,其他情况由终点站负责管理。但在货物运输过程中,运输车辆发生故障或意外导致造成损失的,需由所在地最近的中转站负责处理,协同当地监管部门及交通部门一同处理,由负责人承担赔偿责任。

所有要求赔偿条款需从货物开票日计算,且有效期在半年内,自提出赔付要求之日起,需在2个月内完成赔付。

第四节　运输保险管理

货物运输保险最初只限于水上运输,所以一般把它归属于水险的范围,但随着贸易和交通事业的不断发展,运输保险业从水险扩大到陆运、空运包括在内的各种货物运输保险。所以货运保险可以从不同的角度来划分其种类。

一、运输保险的主要业务

第一,确定保险金额。保险金额是保险人承担赔偿或者承担保险责任的最高限额,是计算保险费用的基础。一般是根据货价、运费、保险费一级预期利润等保险价值确定的。货物的保险价值是保险责任开始时,货物在起运地的发票价格或者非贸易商品在起运地的实际价格及运费和保险费的总和。保险金额由保险人与被保险人约定,保险金额不得超过保险价值;超过保险价值的,其超过部分无效。

第二,确定保险险别。投保险别的恰当确定可以保证标的物能够获得充分的经济保障并节省保险费开支。要做到这一点主要应该坚持两个原则:①保障的充分性,即选择投保险别时要考虑货物在运输途中可能遇到的各种风险;②保险费用的节约，即在选择投保险别时，要考虑尽可能地节约费用，不投不必要的险别。因此，选择投保险别时要考虑货物的性质、包装、运输工具、路线、季节等很多有规律的因素。一般在货运投保中，首先选择基本险别中的一种，然后再根据需要加保某些其他附加险。

第三，开具保险单据。保险单据是保险人与被保险人之间签订的保险证明文件，反映了两者之间的权利和义务关系，也是保险人的承保证明。保险单据主要有保险单、联合凭证和预约保单三种。①保险单即通常所说的大保单，也是使用最多的一种保险单据，是保险人承保一个指定运程内一批货物的运输保险单据，具有法律效力，对双方当事人均有约束力。②联合凭证也称联合发票，是保险和发票结合的比保险单更为简化的保险单证，这种单证只有我国采用并且只限于港澳等地区的少数客户。③预约保单又称预约保险合同，它是保险人和被保险人之间订立的合同，其目的是简化保险手续，且货物一经起运即能获得保障。

二、运输保险的索赔工作

“根据保险代位权原则，如果被保险货物的损失是由于承运人不能免责的过失所造成的，当保险人赔偿了被保险人之后，保险人可以向有过失的承运人行使代位权追偿损失。[①]”在索赔工作中，被保险人应该做好以下工作，以便于索赔工作的顺利展开：

第一，损失通知。如被保险人发现所保险的货物被严重损坏，需保留好损坏凭证并立即向保险公司报备，协同当地负责人员做好检验工作，申请赔付。

第二，向有关方面提出索赔。被保险人或其代理人领取货物后发现被保险货物被损坏，需立即与承运方沟通，要求其向有关部门申请货损货差的证明，并向保险公司报备。

第三，采取合理的施救、整理措施。被保险人发现货物损失后，需采取相应保护措施，防止货物进一步损坏，保险公司会发出有关采取防损减损措施的特别通知，被保险人需按照保险公司要求处理，采取合理施救措施。

---

① 姚新超. 国际海上货物运输合同或提单中的“保险利益条款”分析[J]. 对外经贸实务，2005(4)：15.

第四,备妥索赔单证。被保险物品在运输过程中发生意外造成损失的,需向承运方或三方提出补偿要求,且应向保险公司或其代理人报备,申请赔付。除了提供损坏报告外,还需要提供保险单或保险凭证正本;运输单据(运输单和提货单);装箱凭证、发货单及发票;事故说明报告;货损货差证明;向承运方或三方平台申请赔付的单据或申请书;明确赔付金额、其他费用支出用途及项目的索赔单据。

第七章 现代运输管理的创新发展

第一节 特殊货物的运输管理

特殊货物物流简称特货物流，是在物流过程中需要采取特殊条件、设备和手段的物流过程。特货物流涉及危险货物物流、大件货物物流、贵重货物物流和鲜活货物物流等。特货中的危险货物、大件货物运输不仅关系到货物运输过程本身的安全，而且关系到交通系统的通畅、社会环境的安全，甚至直接影响到和谐社会的构建。

一、特殊货物运输的重要意义

特殊货物是指货物的体积、形状、长度或重量特殊，货物的物理和化学性质特殊，在运输和储存过程中容易造成人身伤亡、货物和其他财产损毁，有特殊运输要求的货物。其中，超限、超长或超重货物，危险货物和鲜活易腐及贵重货物等，对装卸、运送和保管等作业有其特殊要求，这类货物统称为特殊货物。特殊货物的运输组织，除应当符合普通货物运输的规定外，同时应当遵守特殊货物运输的组织特殊要求。

特殊货物运输的运量虽然不大，但却是货物运输中不可缺少的一个重要组成部分，是交通运输中的一个薄弱环节。加强特殊货物运输组织管理具有极其重要的经济意义和社会意义。

第一，实现特殊货物的使用价值。加强特殊货物运输的组织管理可以优化资源配置,保证货物使用价值的实现,有利于增强企业的竞争力,促进企业生产力的发展,保证经济秩序的正常运行。例如,大型水电设备的定子是国家水电建设的重要关键设备,大型化工厂的合成塔,是石油化工的重要关键设备,而它们都是超限、超长或超重的特殊货物。

第二,满足人民群众日常需要。我国领域广大,南北季节性温差大,东部沿海水产品丰富,南方盛产鲜果。随着人们生活水平的不断提高,地域的差异、季节的不同阻隔不了人们对物质的需求。而鲜活易腐货物运输有季节性强、运量变化大、时间要求紧迫的特点。因此,加强对鲜活易腐货物运输的组织,对发展经济、保障供给、充分满足人民群众日常生活的需要具有重要意义。

第三,避免意外事故的发生。特殊货物中的危险货物,超限、超长、超重等货物运输,必须确保安全,做到万无一失。这些货物的运输发生事故,不但经济损失巨大,且社会影响恶劣。可见,必须加强对特殊货物运输的管理,建立完善的安全质量保证体系,维护正常的交通和社会秩序。

第四,完善综合运输系统。随着社会经济的不断发展,特殊货物运输需求量将越来越大。特殊货物运输随之发展为运输行业中社会涉及面广、专业性强、技术要求高、准入门槛高、经济效益好的一个分支行业,成为综合交通运输体系中不可或缺的重要组成部分。特殊货物,特别是危货和大件物流是交通运输中的薄弱环节,是交通运输业发展的瓶颈。为适应全国特种货物物流发展的需要,亟须提高特种货物运输组织管理能力,实现最有效、最合理、最经济地运用特种货物运输相关的设施与设备,不断提高特种货物运输的工作质量。

二、超限货物运输的管理

超限货物运输要具备一定条件且有特殊要求,沿途经过的道路和空中设施要达到所运货物车载标准,外形储存上也要符合通行需要。道路要满足的条件是足够宽、净空及曲度优良。桥涵的承载能力足够强。一般道路很难满足这些要求,须提前勘察,通行前对道路上有关设施适当改动,如扫除地空阻碍、加固桥涵等,运输中可运用一定的组织技术手段,可选择分段封闭交通,使大件车组得以顺利通行。

托运人托运超限货物,向车站递交货物运单的同时,还须提出货物的装载三视图(端视、侧视、顶视),准确注明货件重心位置,各部位尺寸,以确定装载方案和超限等级。

三、危险货物运输的管理

凡具有燃烧、爆炸、腐蚀、毒害及放射性的性质,在运输、装卸和保管过程中,如果处理不当可能会引起人身伤亡或财产损毁的物质或物品,统称为危险货物。

(1)托运人和承运人的资质。运输企业或单位从事公路危险货物运输,应向公路运输管理机关申报,经考核后发给资质证。加盖"危险货物运输"字样的《道路运输经营许可证》《道路经营运输证》《道路非营业运输证》《危险货物作业证》及其他合格证件。

凡在中华人民共和国境内从事铁路危险货物托运业务的托运人、承运业务的承运人,应向有管辖权的铁路管理机构申请取得资质许可。

从事危险货物运输的人员一定要熟知危险货物的基本常识,必须精通危险货物运输技术业务范围且熟悉安全管理规章制度,要具备适合岗位规范要求的政治思想和业务技术素养,经有关部门考核后持证上岗。

(2)运输设施设备的技术要求:用于装载危险货物车辆的技术状况必须合规且满足要求:①完好无损的车厢和底板,牢固的外围栏板,若运载易燃易爆物铁质底板须铺设衬垫如铺上木板、橡胶板或胶合板等类似防护措施,切记不能使用谷草类易燃材料;②车辆排气管要安装有效的装置即隔热和熄灭火星的配置,电路系统必须要安装切断总电源和隔绝火花的装备;③车辆左前方要有明显标有黄底黑字的"信号旗"悬吊着;④依据装载危险货物不同性质,配备合适的用具,像捆扎及防水、放散失等和匹配的消防器材。

(3)货物包装和标志要求:包装上要牢固、完整、密不透风、表面整洁无黏结着有害危险物,满足要求有以下几点:①包装的几个要素即材质、规格、型号、方式和单品数量或重量等须与装载危险货物的性质相符,方便运输和装卸;②包装的强度要足够好,它的结构和密闭装备要合乎常规运输条件及装卸作业要求,也要能承受多变的气候;③用于包装的封口和衬垫材料要具备的条件是与装载货物之间不冲突、不溶化,易吸收,具有缓冲以及支承固定和维护作用;④针对必须安装通气孔的危险货物包装,通气孔的设计和安装必须严防货物走漏或进入杂质,且所排气体无危害也不能造成污染;⑤罐装液体类容器,要保留充足的膨胀余量,容积不得少于总容积的5%。

张贴危险货物标志时要贴在显眼的位置。对集装箱和罐体来说,明显位置必须有适量增大的危险货物包装标志。

危险货物包装标志粘贴的位置:箱状包装应位于包装两端或两侧的明显处;袋状包装应位于包装明显的一面;桶状包装应位于桶盖或桶身。集装箱应位于箱的四侧。

(4)车辆配载、列车编组的要求:第一,车辆装有易燃、易爆危险物时,不允许使用明火照明或修理,也不能使用易发生火花的工具敲打。第二,专门装载放射性同位素的车辆、搬运用具、设备及防护工具,要定时对放射性污染程度进行检测,一旦污染量超过规定的范围,立即停用。第三,依据装载危险货物性质,给车辆配备匹配的消防器材和用于捆扎、防水及防散失等用具。第四,装有危险货物车辆的避震性能的构造和装置要足够好。第五,装载危险货物车辆要有符合国家规定的信号装置,即标有"危险品"字样,也就是标有"危险品"字样的三角磁吸式的黄色顶灯和车尾标志牌。第六,对运输危险货物车辆的限制:①拖拉机不得装运爆炸物品、一级氧化剂、有机过氧化物、一级易燃物品;②自卸车原则上不得装运各类危险货物,但沥青、散袋硫黄除外;③非机动车不得装运爆炸品、压缩气体和液化气体;④畜运车不能驮运起爆器材、炸药等物品。第七,铁路危险货物运输限使用棚车装运。装运时限同一品名、同一铁危编号。第八,滚装船装运"只限舱面"积载的危险货物,不应装在封闭和开敞式车辆甲板上。

(5)装卸作业的要求:危险货物的装卸工作尽可能安排在专用作业场地,严格按货物积载图装货,执行装卸货注意事项,加强监装监卸,注意装卸货安全。危险货物装卸作业使用的照明设备及装卸机具必须具有防爆性能,并能防止由于作业摩擦、碰撞产生火花。作业前应对车辆和仓库进行必要的通风和检查,向装卸工组说明货物品名、性质、作业安全事项并准备好消防器材和防护用品。作业时要轻拿轻放,堆码整齐稳固,防止倒塌,严禁倒放、卧装。铁路运输爆炸品、硝酸铵、剧毒品、气体类和其他另有规定的危险货物装卸作业实行签认制度。货运人员、押运人员和公安人员应在有关作业环节对符合作业要求签字认可。用船舶运载危险品时,承运人须按要求给港务监管机构提交申报手续,按照危险物品通知单,港口作业部门会安排作业。危险货物的种类和数量以及停泊位置都要经过港口管理机构和港务监管部门的批准。

(6)车辆(列车)的跟踪检查。随车人员是运输危险货物时必备的。当运输的危险货物是爆炸品和需特别防护的烈性物时,托运人必须安排熟知货物性质的人进行正规操作、交接和跟车押运。假如危险货物有丢失被盗现象,第一时间上报当地运输管理部门,由交通运输主管部门和公安部门共同调查。装载危险货物车辆不得乘坐闲杂人等,运输途中随时检查,有问题及时处理;如车辆中途停靠或休息,要安排专人看管。装有危险货物车辆严禁吸烟。当运输货物属忌火物品,严禁靠近明火及高温场合。危险货物运输可优先对待,港口、车站等地到达的危险货物安排及时撤离。行车人员不允许临时更改作业计划,严禁私自拼装和超载。视情况优先过渡一些装有一级易燃、易爆及放射性货物车辆。

(7)货物保管和交付的要求。储存危险物品的仓库或场地,一定要按照中华人民共和国《消防条例》的规定严格执行管理,也要经过当地公安部门批准。装卸危险货物仓库或场地,现场均需配备一定的消防设施。且这些场所通风条件要好,干燥整洁,并在外围划分禁区同时设有显著的警示牌;安排专门人员看管库场,定期检查、保养和维修,采用严格的安全措施。行车人员务必熟悉装载危险货物的消防安全方法,一旦运输中发生火灾即刻采取措施并立即报警。运输易燃易爆物的车辆以及载过易燃物品但尚未排除危险的空罐或空槽,检修时不允许接触明火,更不能用易发生火花的工具敲打。承办托运时严格核实货运单上物品的编号、规格、名称、净重、总重、收发地、时间以及所提供的单据是否合乎要求。承运人从受理货后到完成交付前均有保管责任。双方交接货物时,须点对点交接,签证手续齐全。当收货方发现破损或有差异时,理应协同承运方一起采取有效手段,立即处理,并在运输单上注明。危险货物到达卸货区后,如不能按时卸货,待卸期间车上所有人员均有责任去看管车辆和危险货物,与此同时承运方与托运方尽快取得联系稳妥处理。威胁到安全时,承运人即刻上报当地交通运输管理部门,交由所在地交通运输主管部门和公安及物资主管部门联合处理。

四、鲜活货物运输的管理

鲜活易腐货物是指在运输过程中需要采取一定措施以防止死亡和腐烂变质的货物。公路运输的鲜活易腐货物主要有鲜鱼虾、鲜肉、瓜果、蔬菜、牲畜、观赏野生动物、花木秧苗、蜜蜂等。鲜活货物包括易腐货物(如肉、鱼、蛋、水果、蔬菜、鲜活植物等)和活动物(如禽、畜、兽、蜂、活鱼、鱼苗等)两大类。鲜活易腐货物运输具有以下特点：

第一,季节性强、运量变化大。例如,水果蔬菜大量上市的季节、沿海渔场的渔汛期等,运量会随着季节的变化而变化。

第二,运送时间上要求紧迫。大部分鲜活易腐货物,极易变质,要求以最短的时间、最快的速度及时运到。

第三,运输途中需要特殊照料。如牲畜、家禽、蜜蜂、花木秧苗等的运输,需配备专用车辆和设备,沿途专门的照料。

第二节　集装箱运输和多式联运发展

一、多式联运的内容及程序

随着国际贸易的不断发展和产品的快速流通,货主对运输服务的要求也越来越高,不再满足于单一运输方式提供的不连贯运输,在这样的需求背景下,多式联运便迅速发展起来。多式联运是指将多种运输工具有机地联结在一起,最合理、最有效地实现货物位移的一种运输方式。它是一种高级的运输组织形式,不仅可以最大限度地方便货主,加速货物的运输过程,而且对于充分发挥各种运输方式的优势、提高交通运输工作效率、促进国民经济发展具有明显的实效。多式联运可以进一步实现物流合理化、运输合理化,从而提高交通运输的社会效益。随着综合交通运输条件的逐步改善、交通运输结构的优化、现代物流的兴起和推动，多式联运已经成为经济发展的一项重要内容。

（一）多式联运的内容

1. 多式联运具备的条件

多式联运是一种以实现货物整体运输的最优化效益为目标的联运组织形式。多式联运通常是以集装箱为运输单元，将不同的运输方式有机地组合在一起，构成连续的、综合性的一体化货物运输。通过二次托运、一次计费、一份单证、一次保险，由各运输区段的承运人共同完成货物的全程运输，即将货物的全程运输作为一个完整的单一运输过程来安排，与传统的单一运输方式在组织管理上有很大的不同，尤其是国际多式联运。"国际多式联运的线路选择直接关系到货物运输的费用、时间和运输质量，也是多式联运经营人的服务能否使货主或托运人满意的最关键因素。[1]"

构成多式联运必须具备以下六个条件：

第一，必须要有一个多式联运合同。该运输合同是多式联运经营人与托运人之间权利、义务、责任与豁免的合同关系和运输性质的确定，也是区别多式联运与一般的多种货物运输方式互相联结完成同一货物运输的主要依据。

第二，必须使用一份全程多式联运单证。该单证应满足不同运输方式的需要，并按单一运费率计收全程运费。

第三，必须是两种或两种以上的不同运输方式进行的连续运输。

第四，货物在运输全程的责任必须由一个多式联运经营人负责。该多式联运经营人不仅是订立多式联运合同的当事人，也是多式联运单证的签发人。当然，在多式联运经营人履行多式联运合同所规定的运输责任的同时，可将全部或部分运输委托他人（分承运人）完成，并订立分运合同。但分运合同的承运人与托运人之间不存在任何合同关系。第五，国际多式联运，还必须是通过两个国家以上的国际间的货物运输。

第六，必须是全程单一的运费率。多式联运经营人在履行全程运输责任的基础上，制定一个由包括各段运杂费在内的运输成本、经营管理费用和合理利润组成的单一费率,一次性向托运人收取。

2.多式联运的类型划分

(1)协作式联运与衔接式联运。根据联运的组织方式和体制不同,多式联运可以分为协作式联运和衔接式联运。

1)协作式联运。在协作式联运中,首先参与联运的承运人要受理托运的申请、接收货物、签署全程单一运输单证,并负责自己区段的运输任务,而后续承运人除负责自己区段的运输任务外,还要承担运输衔接工作,最后承运人则需要承担货物交付以及受理收货人的货损货差索赔。对于协作式联运,参与联运的每个承运人均有双重身份。对外而言,他们是共同承运人。对内而言,每个承运人不但有义务完成自己区段的实际运输和有关的货运组织工作,还应根据规章或约定协议的规定承担风险和分配利益。

2)衔接式联运。衔接式联运是多式联运的主要形式。它实现了运输组织与运输生产的相互分离,符合分工专业化的原则,不但方便了货主和实际承运人,也有利于运输工作的衔接。在衔接式联运中,运输组织工作与实际运输生产实现了分离,多式联运经营人负责全程运输组织工作,各区段的实际承运人负责实际的运输生产。在这种体制下,多式联运经营人也具有双重身份。对于货主而言,他是全程承运人,与货主订立全程运输合同,向货主收取全程运费及其他费用,并承担承运人的义务;对于各区段实际承运人而言,他是托运人,他与各区段实际承运人订立分运合同,向实际承运人支付运费及其他必要的费用。

(2)法定联运与协作联运。

1)法定联运。法定联运主要适用于保证指令性计划的调拨物资、重点物资和国防、抢险、救灾等急需物资。法定联运最基本的特征是强制性,即承托双方并不需要对多式联运合同的条款予以协商,只需要按照规定办理即可。实际上法定联运属于协作式联运,参与承运的承运人为共同承运人,对货主承担连带责任。这种联运形式有利于保护货主的权利和保证联运生产的顺利进行,但是它的灵活性较差,适用范围较窄。此外,由于货主托运前需要报批运输计划,因此也给货主带来一定不便。

2)协议联运。协议联运最基本的特征是联运的非强制性。在协议联运形式中,采用的运输方式、运输票据、联运受理的条件与程序、联运范围、运输衔接、货物交付、货物索赔程序以及承运人之间的利益分配与风险承担等均由双方通过商议而定。但是在实践中,货主往往处于劣势地位,因此为了避免联运经营人损害货主的利益,无论是国际还是国内都制定了规范这种联运形式的国际公约或法律法规,凡联运协议中与这些国际公约或法律法规相抵触的内容,均属无效。

3.多式联运的特征

多式联运是货物运输的一种较高级的组织形式,它集中了各种运输方式的特点,扬长避短组合成连贯的运输方式,达到了简化货运环节、减少货损货差、降低运输成本、加快货物周转、实现合理运输的目的,是为了适应集装箱运输而发展起来的一种新型运输方式。它与传统的单一运输方式相比具有明显的优越性,主要体现在以下五个方面:

(1)责任统一,手续简便。在多式联运方式下,不论货物全程运输距离分几个区段、使用多少种不同的运输工具、要经过多少次转换,一切事宜均由多式联运经营人负责办理。托运人只需办理一次托运,签订一份运输合同,支付一笔全程单一运费,取得一份联运单据,就履行了全部责任。此外,一旦运输过程中发生货损货差,由多式联运经营人对全程运输负责,从而也可简化理赔手续,减少理赔费用。

(2)缩短货物运输时间,降低运输事故,提高货运质量。在多式联运方式下,各个运输环节和各种运输工具之间配合密切、衔接紧凑,货物中转迅速、及时,减少了货物的在途停留时间,从而保证了货物安全、迅速、准确、及时地运抵目的地,也相应地降低了货物的库存量和库存成本〃同时,多式联运以集装箱为运输单元进行直达运输,尽管货运途中需经多次转换,但由于使用专业机械装卸,且不涉及箱内货物,因而货损货差事故大为减少,从而在很大程度上提高了货物的运输质量。

(3)降低运输成本,节省运输费用。由于多式联运经营人大多与各区段承运人订有长期服务合同,所以可以以优惠的运费率完成运输。采用集装箱运输,可相应地节省货物的包装、理货和保险等费用的支出。此外,多式联运全程使用的是一份联运单据和单一费用,这就简化了制单和结算手续,节省了大量人力物力,尤其是便于货方事先核算运输成本,选择合理运输路线,为开展贸易服务提供了有利条件。

(4)实现"门到门"运输。国际多式联运加速了货运周转,提高了货运质量,是实现合理运输、取得最佳经济效果的有效途径。采用多式联运,可以把货物从发货人内地仓库直运至收货人内地仓库,为实现"门到门"的直达连贯运输奠定了有利基础。

(5)实现合理运输。多式联运经营人为适应环境,必须向货主提供高效优质的服务。在运输过程中,其势必要积累经验,选择合理的经济路线,使托运人可以降低运输成本,增强货物在国际市场上的竞争力。

(二)多式联运的基本程序

1.多式联运的业务程序

多式联运经营人是全程运输的组织者,在多式联运中,其业务程序主要有以下环节:

(1)接受托运申请,订立多式联运合同。多式联运经营人根据货主提出的托运申请和自己的运输路线等情况,判断是否接受该托运申请。如果能接受,则双方议定有关事项后,再交给发货人或其代理人的场站收据副本上签章,证明接受托运申请,多式联运合同即已订立并开始执行。发货人及其代理人双方就货物交接方式、时间、地点、付费方式等达成协议,填写场站收据,并将其送至多式联运经营人处编号,多式联运经营人编号后留下货物托运联,将其他联交还给发货人或其代理人。

(2)集装箱的发放、提取以及运送。多式联运中使用的集装箱一般由多式联运经营人提供。这些集装箱的来源可能有三个:一是多式联运经营人自己购置使用的集装箱;二是由多式联运经营人租用的集装箱,这类箱一般在货物的起运地附近提箱而在交付货物地点附近还箱;三是由全程运输中的某一区段承运人提供,这类箱一般需要在多式联运经营人为完成合同运输与该分运人订立分运合同后才能获得使用权。如果承托双方协议由发货人装箱,则多式联运经营人应该签发提箱单或者把租箱公司,或者把分运人签发的提箱单交给发货人或其代理人,由其自己在规定的时间内装箱。如果拼箱或是整箱但无装箱条件,则由多式联运经营人将空箱调至接收货物的装箱货运站场,做好装箱准备。

(3)出口报关。若联运从港口开始,则在港口报关;若在内陆,则在内陆附近海关办理报关。出口报关事宜一般由发货人或其代理人办理,也可以委托多式联运经营人办理。报关时要提供场站收据、装箱单、出口许可证等单据。

(4)货物装箱及接收货物。若发货人自行装箱,发货人或其代理人提取空箱后在自己的工厂和仓库组织装箱,装箱工作一般要在报关后进行,并请海关派员到装箱地点监装和办理加封事宜。如需理货,还应请理货人员现场理货并与之共同制作装箱单。若是发货人不具备装箱条件,可以委托多式联运经营人或货运站装箱,发货人应将货物以原来的形态运至指定的货运站由其代为装箱。如是拼箱货物,发货人应负责将货物运至指定的集装箱货运站,由货运站按多式联运经营人的指示装箱。无论装箱工作由谁负责,装箱人均需制作装箱单,并办理海关监装与加封事宜。对于由货主自行装箱的整箱货物,发货人应负责将货物运至双方协议规定的地点,多式联运经营人或其代理人在指定地点接收货物。如是拼箱货物,多式联运经营人在指定的货运站接收货物。验收货物后,代表多式联运经营人接收货物的人应在站场收据正本上签章并将其交给发货人或其代理人。

(5)订舱及安排货物运送。多式联运经营人在运输合同订立后,应制订运输计划,该计划包括:货物的运输路线和区段的划分、各区段实际的承运人以及衔接的地点和时间等内容。所谓的订舱泛指多式联运经营人要按照运输计划安排确定各区段的运输工具,与选定的各实际承运人订立各区段的分运合同。这些合同的订立由多式联运经营人本人或委托代理人办理,也可请前一区段的实际承运人作为代表向后一区段的实际承运人订舱。

(6)办理保险。在发货人方面,应投保货物运输险。由发货人自己办理或由多式联运经营人代为办理,保险可以是全程也可以是分段投保。在多式联运经营人方面,应投保货物责任险和集装箱险。

(7)签发多式联运提单,组织完成货物全程运输。多式联运经营人收取货物后,应向发货人签发多式联运提单,并收取全部费用。多式联运经营人有完成或组织完成全程运输的责任和义务。在接收货物后,要组织各区段实际承运人、各派出机构及代表人共同协调工作,完成全程中各区段的运输以及各区段之间的衔接工作,运输过程中所涉及的各种服务性工作和运输单据、文件及有关的信息等组织和协调工作。

(8)运输过程中的海关业务。按照国际多式联运的全程运输均应视为国际货物运输,因此该环节工作主要包括货物及集装箱进口的通关手续、进口国内陆段保税运输手续及结关等内容。如果陆上运输要通过其他海关和内陆运输路线时,还应包括这些海关的通关及保税运输手续。这些涉及海关的手续一般都由多式联运经营人的派出机构或代理人办理,也可以由各区段实际承运人作为多式联运经营人代为办理,由此产生的全部费用应由发货人或收货人负担。如果货物在目的港交付,则结关在港口所在的海关办理;如果在内地交货,则在口岸办理保税运输手续。

(9)货物交付。当货物到达目的地后,由目的地代理通知收货人提货。收货人需凭多式联运提单提货,多式联运经营人或其代理人需按合同规定,收取收货人应付的全部费用。多式联运经营人或其代理人收回提单后签发提货单,提货人凭提货单到指定堆场和集装箱货运站提取货物。如果整箱提货,则收货人要负责指定堆场或集装箱货运站至掏箱地点的运输,并在货物掏出后将集装箱运回指定的堆场,运输合同终止。

(10)货运事故处理。如果全程运输中发生了货物灭失、损害和运输延误等,收货人可以向多式联运经营人索赔。多式联运经营人根据提单条款及双方协议确定责任并作出赔偿。如果已对货物及责任投保,则存在要求保险公司赔偿和向保险公司进一步追索的问题。如果受损人和责任人之间不能取得一致,则需在诉讼时效内通过提起诉讼或仲裁来解决。

2. 多式联运运输组织的业务

多式联运运输组织的业务主要包括:

(1)货源组织。货源组织主要包括搜集和掌握货源信息,加强市场调查和预测,建立与货主的联系机制,组织货物按期发运、均衡发运和合理运输。

(2)制订运输计划。制订运输计划主要包括选择各批货物的运输路线、运输方式、各区段的实际承运人及代理人;确定运输批量;编制定舱计划,集装箱调运计划,装箱、接货计划及各批货物的运输计划等。

(3)组织各项计划的实施。该业务主要包括与选择的各区段实际承运人签订分运合同,将计划下达给有关人员或机构,监督其按计划进行工作,及时了解执行情况，并组织有关信息的传递工作。

（4）计划执行情况监督及计划的调整。根据计划及执行反馈信息检查、督促各区段、各转接点的工作，如出现问题则对计划进行必要的调整，并把有关信息及时传达给有关人员或机构，以便执行新的指令。

（5）组织货物交付、事故处理及集装箱回运等工作

二、国际集装箱多式联运

集装箱作为一个运输单元，由一种运输方式转换到另一种运输方式时，不需要将箱内物体移动，简化和加快了换装作业，而且口岸监管单位通过加封或验封即可放行。这种能把海运及内陆的铁路、公路、水路等多种运输方式以及与进出口运输业务有关的口岸监管工作联合起来进行一体化的集装箱运输方式，就是集装箱多式联运。

（一）国际集装箱多式联运的条件

国际集装箱多式联运并不是传统单一运输方式的简单叠加，必须满足下列条件：

（1）多式联运经营人对全程运输负责。国际集装箱多式联运方式下，货物运输过程的一切事项均由多式联运经营人负责办理，货主只需办理一次托运手续，与该多式联运经营人签订一份运输合同。多式联运经营人既是订立多式联运合同的当事人，也是多式联运单证的签发人，对全程运输负责。无论货物在运输过程中的哪一区段发生灭失或损毁，货主均可向多式联运经营人提出索赔要求。当然，多式联运经营人在履行多式联运合同所规定的运输责任的同时，也可将全部或部分运输委托他人（分承运人）完成，并订立分运合同。但分运合同的承运人与货主之间不存在任何合同关系。

（2）签订多式联运合同。货主只需与多式联运经营人签订一份运输合同，即多式联运合同。该合同是确定多式联运经营人与货主之间权利、义务、责任关系的依据，也是区分多式联运与单一运输方式的主要依据。

（3）不同国家之间的货物运输。国际多式联运的全过程跨越了不同的国家或

地区，会涉及国际运输法规的适应问题。

(4)采用两种或两种以上运输方式。国际集装箱多式联运必须选择和采用两种或两种以上不同的运输方式（水路、公路、铁路、航空）来完成全程运输任务。这样才可以发挥各种运输方式的优势，做到“扬长避短”，优势互补通过对各种运输方式进行优化，使各种运输方式达到最佳的组合，以达到国际货物安全、快速、准时送达以及提高运输效率、降低运输成本的目的。

(5)采用四个“一”业务模式。四个“一”业务模式是指一次托运、一次付费、一单到底、全程负责、统一理赔的运输业务模式。在多式联运业务中，货主只需要办理一次托运，订立一份运输合同，多式联运经营人对全程运输负责货主只需要一份运输单证，向多式联运经营人支付一次全程运费即可。货物一旦在运输过程中遭受损失，也由多式联运经营人统一处理货主的索赔。

(二)国际集装箱多式联运的优点

(1)统一化、简单化。多式联运采用一次托运、一次付费、一单到底、全程负责、统一理赔的运输业务模式，避免了货主与各区段承运人分别签订运输合同并办理各种托运、结算及理赔手续的不便。

(2)效率高、质量好。国际集装箱多式联运中，不同运输方式转换时无须换箱，也不需要将箱内物体移动，这样，一方面简化了换装作业，减少了货物在途停留时间，相应降低了货物的库存成本；另一方面，使用专业机械装卸，且不涉及箱内货物，使得货损货差事故减少，提高了货物运输质量。

(3)成本低、费用省。货物装载于集装箱内运输，包装、理货和保险等费用可以有一定程度的节省。国际集装箱多式联运采用一张单证，统一费率，可以简化制单和结算手续，节省人力、物力。此外，托运人在将货物交由第一程承运人后即可取得货运单证并据以结汇，提前了结汇时间，不仅有利于加速资金的周转，而且可以减少利息支出。

(4)组织好、更合理。在开展多式联运业务前，各种运输方式自成体系，经营人各自为政，其业务范围受到限制，运输量有限。一旦不同的运输经营人共同参与多式联运，经营的业务范围扩展，并可以最大限度地发挥各自现有设备的作用，选择最佳运输路线，实现合理化运输。

(三)国际多式联运经营人

(1)国际多式联运经营人的含义。多式联运经营人在国际集装箱多式联运中发挥着关键作用。多式联运经营人(Multi-modal Transport Operator,MTO)具有以下含义:第一,以本人名义与托运人订立多式联运合同,是多式联运合同的承运人。根据该合同,多式联运经营人要对全程运输负责,要负责完成或组织完成全程运输。第二,以本人身份参加多式联运全程中某一个或几个区段的实际运输,作为这些区段的实际承运人,对自己承担区段的货物运输负责。第三,以本人名义与自己不承担运输的区段的承运人订立分运合同,以完成其他区段的运输。在这类合同中,多式联运经营人既是托运人,也是收货人。第四,以本人名义与各中转点的代理人订立委托合同以完成在该点的衔接及其他服务工作。在该类合同中,多式联运经营人是委托人。第五,以本人名义与多式联运所涉及的各方面订立相应的合同,在这些合同中,多式联运经营人均作为货方出现。

(2)国际多式联运经营人的条件。第一,完成全程运输的技术能力。多式联运经营人必须建立多式联运线路网络。开展多式联运业务的公司应重点办好几条联运线路,以满足满足货主对货物运输的需求。多式联运经营人必须拥有起码的信息处理、传递设备,并与其他所需设施设备的所有人签订长期使用协议。第二,完成全程运输的组织能力。一般而言,多式联运经营人不会自己完成货物的全程运输,部分多式联运经营人甚至将全程运输都交给其他承运人完成,自己不实际承担任何一个区段的运输。因此,多式联运经营人必须具备将这些承运人有效组织起来,顺利、高效地完成运输交接的能力。多式联运经营人在其各条运输线路上要有完整的业务网络。该网络可以由其分支机构、代表和代理人构成,要形成具有国际运输知识、经验和能力的专业队伍。多式联运经营人还必须对这些人员和业务进行管理。第三,完成全程运输、对全程运输负责的经济能力。多式联运经营人必须具有开展业务所需的流动资金,而且其制定的单一费率应能够弥补其经营成本支出。同时,多式联运经营人对运输过程发生的货物灭失、损害和延误应当负责,应具备足够的赔偿能力。

(3)国际多式联运经营人的形式。实践中多式联运经营人表现为各种与运输相关的企业。目前,大部分较有实力的具有一种或一种以上运输工具的承运人,包括海运公司、铁路公司(局)、汽车运输公司等均已开展多式联运业务。此外,大量的货运代理公司也开始或已经承办多式联运业务。

(四)国际集装箱多式联运的组织

(1)联运的网络。多式联运经营人需要在线路两端及中间各转接点上派机构或代理机构组成联运网络,以完成货物交接及服务事宜,提供必要的信息。常见的网络组织方式有:

第一,设立分支机构。多式联运经营人在线路两端及中间各转接点处都设有派出机构或分支机构,作为全权代表,来办理揽货、交接货、订立合同等运输事务。一些较有实力的多式联运经营人在世界的重要地区、主要城市都设有办事处。

第二,委托代理。委托代理方式是由多式联运经营人在线路两端和中间各衔接地点,委托国内外同业作为自己的代理,办理运输中的相关业务,并向代理人支付代理费用。这种代理关系可以是相互的,也可是单方面的。

第三,与其他企业联营。与其他企业联营方式是指多式联运业务由位于联运线路两端国家的两个或几个类似的企业联合经营。联营的各方互为合作人,分别在各自的国家内开展业务活动,揽到货物后,按货物的流向及运输区段划分各自应承担的工作。在本国,自身是起运货物的总承运人,而对方企业是该项运输业务在对方国的代理。

在实际经营过程中,多式联运经营人常是将三种方式结合运用来建立运输网络。多式联运经营人应根据经济实力、业务量的大小,决定采用哪一种方式以及各种方式结合的程度,以保证多式联运业务的开展。

(2)联运的组织形式。第一,海陆联运。海陆联运是国际多式联运的主要方式,也是远东/欧洲多式联运的主要方式之一。海陆联运方式以航运公司为主体,由其签发联运提单,与航线两端的内陆运输部门联合开展联运业务的联运方式。陆桥运输也属于海陆联运的一种形式,它将两端的集装箱海运航线与专用列车或卡车连接起来进行连贯运输。目前,世界上比较有影响的陆桥运输线有三条:西伯利亚大陆桥运输线、新亚欧陆桥运输线和北美陆桥运输线。但路桥运输的运输优势与潜力还没有完全体现出来。第二,海空联运。20 世纪 60 年代,远东船舶运至美国西海岸的货物,通过航空运至美国内陆地区或美国东海岸,从而出现了海空联运(空桥运输)—海空联运方式一般以海运为主,只是最终交货运输由空运承担。主要有远东—欧洲航线、远东—中南美航线和远东—中近东航线。

三、国际多式联运的发展趋势

21 世纪后,伴随着经济全球化的趋势,企业间的竞争境况和消费者的需求都在不断改变,因此也造成了国际多式联运组织形式的改变,显现出许多主要的变化趋势。这些趋势的转变虽与国际货运需求有关,但也影响了企业竞争战术和需求满足的方法,从而对国际产业分工系统造成严重影响。

(1)班轮公司不停地把业务渗透到陆地,在国际多式联运中起到越来越大的作用。最早经营多式联运的人多为无船承运人,他们先用代理人身份和货主签署多式联运合同,再用委托人身份和各种运输公司等真正的承运人签署运输合同。众多的运输方式中,最大运量属海运,大部分国际集装箱多式联运都需经海运这一步,由此众多的大型国际班轮公司产生。随着长期的经营,竞争也日益加剧,班轮公司要取得的利润不再停留在海运方面,把业务范围扩大到了陆地。像船运公司把办事处设在陆地,用以承办揽货、运输及贸易等各种不同业务,同时设有固定舱位,以保障服务质量;国际班轮公司在仓储港口和航空运输上的投资较大,组建了独有的多式联运网,以提升联运效率;利用领先的信息技术,发挥货物实时追踪等高附加值的功效。随着国际运输市场的开放,市场大环境为班轮巨头迈入和拓宽全球市场提供了有利条件。大型班轮公司利用强盛的规模实力和高超的谈判技巧,逐步发展为国际多式联运的重心,发挥的作用也越来越多。

(2)国际多式联运与企业生产领域有明显整合趋势。当今竞争环境要快速回应客户的需求,把运输商品的成本和时间控制到最低,所以对物流有了更高的要求,这也是多式联运一直以来追求的目标。伴随企业对当今物流重要性的认知越来越高,多式联运成了企业在制定战略时要权衡的主要内容。更多的企业把运输业务尤其是国际贸易商品运输业务交给国际多式联运经营者,由他们提供一条龙服务。也有多式联运企业把业务范围渗入企业生产范畴,从采购到生产再到销售直至终端客户等将所有流程紧密连接。如联合包裹服务公司为耐克公司提供订单的提货、打包及配送等一系列全套服务,不仅如此还进一步提供商务解决方案,为企业在分析、生产设计及供应链等方面给予更多的金融服务，而国际多式联运也逐步归到企业供应链解决方案的范围之内。

(3)国际化网络变成国际多式联运竞争的核心资源。国际多式联运供应的是横跨国际的"门到门"服务，多式联运经营者用成立分支机构或和国外公司共同经营等方式进一步扩展在国外的联运业务网点，打造独自的国际多式联运业务网络系统。在联运节点成立分公司要拥有深厚的经济实力做后盾，也要把货源的规模和稳定性考虑在内。与国外公司谈合作还要把信用度考虑在内，历经时间的磨合与观察方能成为互相信任的合作伙伴。不管哪种形式，一旦组成国际多式联运网，一定会是企业的核心资源，让企业具备更强的服务技能和良好信誉度，更好地提供多式联运服务。眼下，拥有国际多式联运业务网络的国际物流公司并不多，大部分多式联运业务仍旧依赖实际承运人采取分段方式衔接完成。如今各类运输方式从竞争转变为合作，这种趋势使得各个联运主体自发寻求合作机会，就使得多式联运网络覆盖面更广。同时，由于分散运输正向规模运输发展，在货运日益集中化的背景下，多式联运业务网点也不停向运输枢纽中心会集，在此联运节点，导致了国际多式联运网络间的竞争愈加激烈。

(4)拼箱货物越来越大的比重，对拼箱技术的要求越来越高。在联运业务中利润水平最高的业务当属国际集装箱多式联运。确切的说，集装箱多式联运有两种，即整箱联运和拼箱联运，对比来说，拼箱能节省空间、减少成本，可对拼箱技术和经验有较高的要求。伴随消费者个性化和多样化的需求，商品数量虽减少了，但种类却增多了，适箱货物要经过拼箱方能完成集装箱运输。由此可见，拼箱货物占比越大，其附加值也越高。同时，个性化商品种类增加，对拼箱技术水平也会有越来越高的要求，怎样保证货物完好无损，且及时送到收货人手里，对于联运经营人来说是一种挑战，但更多的是机遇。

第三节　运输管理信息系统设计与开发

“随着经济发展和管理水平的提高，运输管理信息系统越来越成为许多运输企业管理中非常重要的部分。①”

一、运输管理信息系统的系统设计与开发

第一，代码设计。鉴于系统报表和项目种类繁多，需要对每一份报表查询及修改，因为汉字代替麻烦又费时间，所以设计代码势在必行。

第二，处理模块设计。第一，模块层次结构图。由于对流程图的处理是事务型处理，所以可以把软件模块层次结构很好地反射出来。在此所说的只是程序间调用关系而非数据间调用关系。第二，输入输出设计。针对实用系统来说，系统的好坏与输入输出有直接关系。设计好用户界面，可以给人感觉也舒服，所以在对输入输出设计时有以下几点需考虑：首先，可将输出分成屏幕和打印机输出两种。屏幕输出格式美观又简洁，功能选择时还有操作展示。其次，打印机输出针对的是打印报表，对格式要求比较严格，多采取紧缩或扩展格式，同时选用“零不打印”技术，让输出的表格美观又大方。最后，输入设计指的是键盘输入，输出设计要求决定了输入设计。而输出结果由输入数据是否正确来决定，所以务必保证输入的准确性。设计中信息校验的方式有很多，都是为了确保输入的准确性，有格式、逻辑、边界、数据类型及记录数据检验等。第三，系统设计语言的选择。国内开发管理信息系统大多选用 dBASEIII。此语言有三种很强的操作功能即筛选、投影和联接，用户按自己所需，把数据信息组成不同种类的库文件，运用这些基础操作，重新拼接库文件，分解后产生新的报表和库文件。dBASEIII 还拥有一种功能强大的命令语言即

---

① 杨天军，杨晓光. 运输管理信息系统的研究与设计[J]. 交通运输系统工程与信息，2004，4(1)：102.

人机对话，给计算机初学者带来极大便利。此外，它对软硬件要求很低，利用它制作的软件推广起来很方便，而 FOXBASE 要有很强的硬件来支持。

二、运输管理信息系统的程序设计与开发

利用系统设计和分析，根据各个子模块功能需要，把各个程序设计出来。

第一，采取最盛行的光棒式菜单；第二，把屏幕最低行显示充分运用；第三，拥有两种功能即程序自动安装和数据库自动备份；第四，强大的自我保护功能在程序运行时得以体现；第五，采取字间及行间压缩方法来打印，体现打印长表和超长表格的功能；第六，为让表格更好看，采取“零不打印”技术；第七，用“零不显示”技术来展现屏幕显示效果，使其更清楚、更直观。

结束语

本书从运输的内涵出发，对经济学基本原理的分析和描述，同时引入了运输管理的相关知识，以大量具体的运输经济问题，特别是中国的运输经济问题为主要关注对象，力图使读者理解运输经济问题的特点及其与一般经济理论的联系，并在此基础上去探寻和解释运输经济活动所涉及的需求者、供给者在运输市场中的行为方式和相互关系，进一步分析了不同运输方式的特点与适用范围，并深入阐述了运输的组织、作业、成本、合同和信息管理的内容。最后，深入探析现代运输管理的创新策略及其发展。

参考文献

[1]程铁岩,程方.浅议提高铁路货物运输效率[J].铁道运输与经济,2000,22(2):30-32.

[2]崔淑丹,李星野.我国水路运输业与国民经济发展关系的协整分析[J].交通运输系统工程与信息,2007,7(6):21-24.

[3]邓正华.我国货物运输市场现状分析[J].物流技术,2013,32(9):20-22.

[4]方国敏,徐玖平.基于网络图的产品生产、运输、定价综合决策模型[J].控制与决策,2015(10):1915-1920.

[5]方晓平.运输企业中不同差别价格策略[J].交通运输工程学报,2003,3(4):85-88.

[6]傅选义.铁路运输经济的若干问题[J].北京交通大学学报(社会科学版),2016(1):1-10.

[7]管驰明,马奇骐.航空运输投资对经济增长的影响及其机制的实证研究[J].中国软科学,2010(10):47-56,142.

[8]韩增林,安筱鹏,王利,等.中国国际集装箱运输网络的布局与优化[J].地理学报,2002,57(4):479-488.

[9]杭文.运输经济学[M].南京:东南大学出版社,2016.

[10]何雄浪,李国平.运输成本、交易成本与交易效率——新古典经济学分析框架的矫正[J].学术月刊,2007,39(4):82-89.

[11]胡开云.论综合运输市场的划分[J].重庆大学学报(社会科学版),2004,10(2):35-37.

[12]胡平海. 对铁路企业合同管理的思考[J]. 铁道运输与经济,2007,29(12):74-76.

[13]计国君,蔡远游. 运输管理[M]. 厦门:厦门大学出版社,2012.

[14]姜旭. 关于我国铁路货物运输的实证研究[J]. 物流技术,2011,30(10):21-24,38.

[15]蒋洋,张星臣,王永亮. 多式联运运输方案选择的交叉熵方法[J]. 交通运输系统工程与信息,2012,12(5):20-25.

[16]金懋. 运输经济学基本理论的扩展[J]. 物流技术,2010,29(2):47-49.

[17]卢明银. 运输经济学[M]. 徐州:中国矿业大学出版社,2016.

[18]苗长川,杨爱花. 运输管理[M]. 北京:北京交通大学出版社,2012.

[19]彭传圣. 集装箱运输系统的新变革[J]. 物流技术,2002(1):34-37.

[20]彭大衡,吴健雄. 中国公路货物运输发展研究[J]. 湖南大学学报(社会科学版),2003,17(4):55-58.

[21]彭志敏,吴群琪,孙瑞芬. 运输供给主体生产决策理论模型与行为分析[J]. 统计与决策,2019,35(7):42-45.

[22]荣朝和. 关于运输业规模经济和范围经济问题的探讨[J]. 中国铁道科学,2001,22(4):97-104.

[23]苏印,李铁柱. 国际多式联运线路选择的方法研究[J]. 交通运输系统工程与信息,2006,6(2):91-94.

[24]汪传旭,蒋良奎. 运输服务供应链协调的承运人运输价格折扣策略[J]. 上海海事大学学报,2010,31(3):63-67.

[25]汪时珍,张爱国. 现代运输管理[M]. 合肥:安徽大学出版社,2015.

[26]吴金明,荣朝和. 对运输业属性认识的理论综述[J]. 铁道学报,2004,26(5):107-114.

[27]吴群琪. 运输需求经济分析[J]. 交通运输工程学报,2001,1(2):114-119.

[28]肖赟,魏朗.完整旅客运输产品定价策略研究——基于综合运输服务商定价主体视角的分析[J].价格理论与实践,2015(7):94-96.

[29]许淑君,尹君.运输管理[M].上海:复旦大学出版社,2011.

[30]杨天军,杨晓光.运输管理信息系统的研究与设计[J].交通运输系统工程与信息,2004,4(1):102-103,121.

[31]杨雪山.公路运输经济现状及应对措施研究[J].中国商论,2020(2):17-18.

[32]姚新超.国际海上货物运输合同或提单中的“保险利益条款”分析[J].对外经贸实务,2005(4):15-17.

[33]袁新岭,徐海成.再论运输需求[J].铁道运输与经济,2008,30(7):8-10.

[34]袁长伟,吴群琪.运输经济学在国际上的若干研究重点及启示[J].交通运输系统工程与信息,2013,13(6):11-17.

[35]张茹秀,徐天芳.价格折扣/运输折扣的库存--运输联合优化模型[J].大连海事大学学报,2005,31(3):41-44.

[36]赵伟伟,李广志.航空运输与区域经济发展的关系及作用机制分析[J].地域研究与开发,2018,37(1):16-19.

[37]周戈.公路运输经济管理的要点分析[J].中国商论,2017(22):8-9.

[38]庄建伟,沈志韬.国际航空货物运输期间制度研究[J].甘肃政法学院学报,2012(2):72-77.